*Das 2. Geschichtsbuch
aus dem Neuen Testament der Bibel*

Das Evangelium nach Markus

*Jesus Christus -
Der leidende Gottesknecht*

*Übersetzung nach
Martin Luther 1545*

Bibliografische Information der Deutschen Nationalbibliothek:
Die Deutsche Nationalbibliothek verzeichnet diese Publikation in der Deutschen Nationalbibliografie; detaillierte bibliografische Daten sind im Internet über http://dnb.dnb.de abrufbar.

TWENTYSIX
Eine Marke der Books on Demand GmbH

Herstellung und Verlag:
BoD – Books on Demand, Norderstedt

ISBN: 978-3-740-76699-3

Übersetzung: **Martin Luther 1545**

Layout, Schriftsatz, Formatierung:
Antonia Katharina Tessnow
www.antonia-katharina.de

1. Kapitel

Jesus Christus, von Johannes angekündigt und getauft, wird versucht, predigt, beruft Jünger, heilt Kranke.

1 Dies ist der Anfang des Evangeliums von Jesus Christus, dem Sohn Gottes,

2 wie geschrieben steht in den Propheten: "Siehe, ich sende meinen Engel vor dir her, der da bereite deinen Weg vor dir."

3 "Es ist eine Stimme eines Predigers in der Wüste: Bereitet den Weg des HERRN, macht seine Steige richtig!"

4 Johannes, der war in der Wüste, taufte und predigte von der Taufe der Buße zur Vergebung der Sünden.

5 Und es ging zu ihm hinaus das ganze jüdische Land und die von Jerusalem und ließen sich alle von ihm taufen im Jordan und bekannten ihre Sünden.

6 Johannes aber war bekleidet mit Kamelhaaren und mit einem ledernen Gürtel um seine Lenden, und aß

Heuschrecken und wilden Honig;

7 und er predigte und sprach: Es kommt einer nach mir, der ist stärker denn ich, dem ich nicht genugsam bin, daß ich mich vor ihm bücke und die Riemen seiner Schuhe auflöse.

8 Ich taufe euch mit Wasser; aber er wird euch mit dem Heiligen Geist taufen.

9 Und es begab sich zu der Zeit, daß Jesus aus Galiläa von Nazareth kam und ließ sich taufen von Johannes im Jordan.

10 Und alsbald stieg er aus dem Wasser und sah, daß sich der Himmel auftat, und den Geist gleich wie eine Taube herabkommen auf ihn.

11 Und da geschah eine Stimme vom Himmel: Du bist mein lieber Sohn, an dem ich Wohlgefallen habe.

12 Und alsbald trieb ihn der Geist in die Wüste,

13 und er war allda in der Wüste Tage und ward versucht von dem Satan und war bei den Tieren, und die Engel dienten ihm.

14 Nachdem aber Johannes überantwortet war, kam Jesus nach Galiläa und predigte das Evangelium vom Reich

Gottes

15 und sprach: Die Zeit ist erfüllet, und das Reich Gottes ist herbeigekommen. Tut Buße und glaubt an das Evangelium!

16 Da er aber am Galiläischen Meer ging, sah er Simon und Andreas, seinen Bruder, daß sie ihre Netze ins Meer warfen; denn sie waren Fischer.

17 Und Jesus sprach zu ihnen: Folget mir nach; ich will euch zu Menschenfischern machen!

18 Alsobald verließen sie ihre Netze und folgten ihm nach.

19 Und da er von da ein wenig weiterging, sah er Jakobus, den Sohn des Zebedäus, und Johannes, seinen Bruder, daß sie die Netze im Schiff flickten; und alsbald rief er sie.

20 Und sie ließen ihren Vater Zebedäus im Schiff mit den Tagelöhnern und folgten ihm nach.

21 Und sie gingen gen Kapernaum; und alsbald am Sabbat ging er in die Schule und lehrte.

22 Und sie entsetzten sich über seine Lehre; denn er lehrte gewaltig und nicht wie die Schriftgelehrten.

23 Und es war in ihrer Schule ein Mensch, besessen von einem unsauberen Geist, der schrie

24 und sprach: Halt, was haben wir mit dir zu schaffen, Jesus von Nazareth? Du bist gekommen, uns zu verderben. Ich weiß wer du bist: der Heilige Gottes.

25 Und Jesus bedrohte ihn und sprach: Verstumme und fahre aus von ihm!

26 Und der unsaubere Geist riß ihn und schrie laut und fuhr aus von ihm.

27 Und sie entsetzten sich alle, also daß sie untereinander sich befragten und sprachen: Was ist das? Was ist das für eine neue Lehre? Er gebietet mit Gewalt den unsauberen Geistern, und sie gehorchen ihm.

28 Und sein Gerücht erscholl alsbald umher in das galiläische Land.

29 Und sie gingen alsbald aus der Schule und kamen in das Haus des Simon und Andreas mit Jakobus und Johannes.

30 Und die Schwiegermutter Simons lag und hatte das Fieber; und alsbald sagten sie ihm von ihr.

31 Und er trat zu ihr und richtete sie auf und hielt sie bei der Hand; und das

Fieber verließ sie, und sie diente ihnen.

32 Am Abend aber, da die Sonne untergegangen war, brachten sie zu ihm allerlei Kranke und Besessene.

33 Und die ganze Stadt versammelte sich vor der Tür.

34 Und er half vielen Kranken, die mit mancherlei Seuchen beladen waren, und trieb viele Teufel aus und ließ die Teufel nicht reden, denn sie kannten ihn.

35 Und des Morgens vor Tage stand er auf und ging hinaus. Und Jesus ging in eine wüste Stätte und betete daselbst.

36 Und Petrus mit denen, die bei ihm waren, eilten ihm nach.

37 Und da sie ihn fanden, sprachen sie zu ihm: Jedermann sucht dich.

38 Und er sprach zu ihnen: Laßt uns in die nächsten Städte gehen, daß ich daselbst auch predige; denn dazu bin ich gekommen.

39 Und er predigte in ihren Schulen in ganz Galiläa und trieb die Teufel aus.

40 Und es kam zu ihm ein Aussätziger, der bat ihn, kniete vor ihm und sprach: Willst du, so kannst du mich wohl reinigen.

41 Und es jammerte Jesum, und er reckte die Hand aus, rührte ihn an und sprach: Ich will's tun; sei gereinigt!

42 Und als er so sprach, ging der Aussatz alsbald von ihm, und er ward rein.

43 Und Jesus bedrohte ihn und trieb ihn alsbald von sich

44 und sprach zu ihm: Siehe zu, daß du niemand davon sagest; sondern gehe hin und zeige dich dem Priester und opfere für deine Reinigung, was Mose geboten hat, zum Zeugnis über sie.

45 Er aber, da er hinauskam, hob er an und sagte viel davon und machte die Geschichte ruchbar, also daß er hinfort nicht mehr konnte öffentlich in die Stadt gehen; sondern er war draußen in den wüsten Örtern, und sie kamen zu ihm von allen Enden.

2. Kapitel

*Vom Gichtbrüchigen. Des Matthäus
Berufung. Vom Fasten.
Ährenausraufen am Sabbat.*

1 Und über etliche Tage ging er wiederum gen Kapernaum; und es ward ruchbar, daß er im Hause war.

2 Und alsbald versammelten sich viele, also daß sie nicht Raum hatten auch draußen vor der Tür; und er sagte ihnen das Wort.

3 Und es kamen etliche zu ihm, die brachten einen Gichtbrüchigen, von vieren getragen.

4 Und da sie nicht konnten zu ihm kommen vor dem Volk, deckten sie das Dach auf, da er war, und gruben's auf und ließen das Bett hernieder, darin der Gichtbrüchige lag.

5 Da aber Jesus ihren Glauben sah, sprach er zu dem Gichtbrüchigen: Mein Sohn, deine Sünden sind dir vergeben.

6 Es waren aber etliche Schriftgelehrte, die saßen allda und gedachten in ihrem Herzen:

7 Wie redet dieser solche Gotteslästerung? Wer kann Sünden vergeben denn allein Gott?

8 Und Jesus erkannte alsbald in seinem Geist, daß sie also gedachten bei sich selbst, und sprach zu Ihnen: Was denkt ihr solches in eurem Herzen?

9 Welches ist leichter: zu dem Gichtbrüchigen zu sagen: Dir sind deine Sünden vergeben, oder: Stehe auf, nimm dein Bett und wandle?

10 Auf das ihr aber wisset, daß des Menschen Sohn Macht hat, zu vergeben die Sünden auf Erden, (sprach er zu dem Gichtbrüchigen):

11 Ich sage dir, stehe auf, nimm dein Bett und gehe heim!

12 Und alsbald stand er auf, nahm sein Bett und ging hinaus vor allen, also daß sie sich entsetzten und priesen Gott und sprachen: Wir haben solches noch nie gesehen.

13 Und er ging wiederum hinaus an das Meer; und alles Volk kam zu ihm, und er lehrte sie.

14 Und da Jesus vorüberging, sah er Levi, den Sohn des Alphäus, am Zoll

sitzen und sprach zu ihm: Folge mir nach! Und er stand auf und folgte ihm nach.

15 Und es begab sich, da er zu Tische saß in seinem Hause, setzten sich viele Zöllner und Sünder zu Tische mit Jesu und seinen Jüngern; denn ihrer waren viele, die ihm nachfolgten.

16 Und die Schriftgelehrten und Pharisäer, da sie sahen, daß er mit den Zöllnern und Sündern aß, sprachen sie zu seinen Jüngern: Warum ißt und trinkt er mit den Zöllnern und Sündern?

17 Da das Jesus hörte, sprach er zu ihnen: Die Starken bedürfen keines Arztes, sondern die Kranken. Ich bin gekommen, zu rufen die Sünder zur Buße, und nicht die Gerechten.

18 Und die Jünger des Johannes und der Pharisäer fasteten viel; und es kamen etliche, die sprachen zu ihm: Warum fasten die Jünger des Johannes und der Pharisäer, und deine Jünger fasten nicht?

19 Und Jesus sprach zu ihnen: Wie können die Hochzeitsleute fasten, dieweil der Bräutigam bei ihnen ist? Solange der Bräutigam bei ihnen ist, können sie nicht fasten.

20 Es wird aber die Zeit kommen, daß der Bräutigam von ihnen genommen wird; dann werden sie fasten.

21 Niemand flickt einen Lappen von neuem Tuch an ein altes Kleid; denn der neue Lappen reißt doch vom alten, und der Riß wird ärger.

22 Und niemand faßt Most in alte Schläuche; sonst zerreißt der Most die Schläuche, und der Wein wird verschüttet, und die Schläuche kommen um. Sondern man soll Most in neue Schläuche fassen.

23 Und es begab sich, daß er wandelte am Sabbat durch die Saat; und seine Jünger fingen an, indem sie gingen, Ähren auszuraufen.

24 Und die Pharisäer sprachen zu ihm: Siehe zu, was tun deine Jünger am Sabbat, das nicht recht ist?

25 Und er sprach zu ihnen: Habt ihr nie gelesen was David tat, da es ihm not war und ihn hungerte samt denen, die bei ihm waren?

26 Wie er ging in das Haus Gottes zur Zeit Abjathars, des Hohenpriesters, und aß die Schaubrote, die niemand durfte

essen, denn die Priester, und er gab sie auch denen, die bei ihm waren?

27 Und er sprach zu ihnen: Der Sabbat ist um des Menschen willen gemacht, und nicht der Mensch um des Sabbat willen.

28 So ist des Menschen Sohn ein HERR auch des Sabbats.

3. Kapitel

Jesus heilt am Sabbat und heilt viel Besessene, wählt die zwölf, bestraft die Pharisäer wegen Lästerung des heiligen Geistes und zeigt, wer seine wahren Verwandten seien.

1 Und er ging abermals in die Schule. Und es war da ein Mensch, der hatte eine verdorrte Hand.

2 Und sie lauerten darauf, ob er auch am Sabbat ihn heilen würde, auf daß sie eine Sache wider ihn hätten.

3 Und er sprach zu dem Menschen mit der verdorrten Hand: Tritt hervor!

4 Und er sprach zu ihnen: Soll man am Sabbat Gutes tun oder Böses tun, das Leben erhalten oder töten? Sie aber

schwiegen still.

5 Und er sah sie umher an mit Zorn und ward betrübt über ihr verstocktes Herz und sprach zu dem Menschen: Strecke deine Hand aus! Und er streckte sie aus; und die Hand ward ihm gesund wie die andere.

6 Und die Pharisäer gingen hinaus und hielten alsbald einen Rat mit des Herodes Dienern über ihn, wie sie ihn umbrächten.

7 Aber Jesus entwich mit seinen Jüngern an das Meer; und viel Volks folgte ihm nach aus Galiläa und aus Judäa

8 und von Jerusalem und aus Idumäa und von jenseits des Jordans, und die um Tyrus und Sidon wohnen, eine große Menge, die seine Taten hörten, und kamen zu ihm.

9 Und er sprach zu seinen Jüngern, daß sie ihm ein Schifflein bereit hielten um des Volkes willen, daß sie ihn nicht drängten.

10 Denn er heilte ihrer viele, also daß ihn überfielen alle, die geplagt waren, auf daß sie ihn anrührten.

11 Und wenn ihn die unsauberen Geister sahen, fielen sie vor ihm nieder, schrieen

und sprachen: Du bist Gottes Sohn!

12 Und er bedrohte sie hart, daß sie ihn nicht offenbar machten.

13 Und er ging auf einen Berg und rief zu sich, welche er wollte, und die gingen hin zu ihm.

14 Und er ordnete die Zwölf, daß sie bei ihm sein sollten und daß er sie aussendete, zu predigen,

15 und daß sie Macht hätten, die Seuchen zu heilen und die Teufel auszutreiben.

16 Und gab Simon den Namen Petrus;

17 und Jakobus, den Sohn des Zebedäus, und Johannes, den Bruder des Jakobus, und gab ihnen den Namen Bnehargem, das ist gesagt: Donnerskinder;

18 und Andreas und Philippus und Bartholomäus und Matthäus und Thomas und Jakobus, des Alphäus Sohn, und Thaddäus und Simon von Kana

19 und Judas Ischariot, der ihn verriet.

20 Und sie kamen nach Hause, und da kam abermals das Volk zusammen, also daß sie nicht Raum hatten, zu essen.

21 Und da es die Seinen hörten, gingen

sie aus und wollten ihn halten; denn sie sprachen: Er ist von Sinnen.

22 Die Schriftgelehrten aber, die von Jerusalem herabgekommen waren, sprachen: Er hat den Beelzebub, und durch den obersten Teufel treibt er die Teufel aus.

23 Und er rief sie zusammen und sprach zu ihnen in Gleichnissen: Wie kann ein Satan den anderen austreiben?

24 Wenn ein Reich mit sich selbst uneins wird, kann es nicht bestehen.

25 Und wenn ein Haus mit sich selbst uneins wird, kann es nicht bestehen.

26 Setzt sich nun der Satan wider sich selbst und ist mit sich selbst uneins, so kann er nicht bestehen, sondern es ist aus mit ihm.

27 Es kann niemand einem Starken in sein Haus fallen und seinen Hausrat rauben, es sei denn, daß er zuvor den Starken binde und alsdann sein Haus beraube.

28 Wahrlich, ich sage euch: Alle Sünden werden vergeben den Menschenkindern, auch die Gotteslästerungen, womit sie Gott lästern;

29 wer aber den Heiligen Geist lästert, der hat keine Vergebung ewiglich, sondern ist schuldig des ewigen Gerichts. [Siehe Anhang: A, B und Anmerkung]

30 Denn sie sagten: Er hat einen unsauberen Geist.

31 Und es kam seine Mutter und seine Brüder und standen draußen, schickten zu ihm und ließen ihn rufen.

32 Und das Volk saß um ihn. Und sie sprachen zu ihm: Siehe, deine Mutter und deine Brüder draußen fragen nach dir.

33 Und er antwortete ihnen und sprach: Wer ist meine Mutter und meine Brüder?

34 Und er sah rings um sich auf die Jünger, die im Kreise saßen, und sprach: Siehe, das ist meine Mutter und meine Brüder!

35 Denn wer Gottes Willen tut, der ist mein Bruder und meine Schwester und meine Mutter.

4. Kapitel

Mancherlei Gleichnisse vom Reiche Gottes. Stillung des Meeres.

1 Und er fing abermals an, zu lehren am Meer. Und es versammelte sich viel Volks zu ihm, also daß er mußte in ein Schiff treten und auf dem Wasser sitzen; und alles Volk stand auf dem Lande am Meer.

2 Und er predigte ihnen lange durch Gleichnisse; und in seiner Predigt sprach er zu ihnen:

3 Höret zu! Siehe, es ging ein Sämann aus, zu säen.

4 Und es begab sich, indem er säte, fiel etliches an den Weg; da kamen die Vögel unter dem Himmel und fraßen's auf.

5 Etliches fiel in das Steinige, wo es nicht viel Erde hatte; und ging bald auf, darum daß es nicht tiefe Erde hatte.

6 Da nun die Sonne aufging, verwelkte es, und dieweil es nicht Wurzel hatte verdorrte es.

7 Und etliches fiel unter die Dornen; und die Dornen wuchsen empor und erstickten's, und es brachte keine Frucht.

8 Und etliches fiel auf ein gutes Land und brachte Frucht, die da zunahm und wuchs; etliches trug dreißigfältig und etliches sechzigfältig und etliches hundertfältig.

9 Und er sprach zu ihnen: Wer Ohren hat, zu hören, der höre!

10 Und da er allein war, fragten ihn um dies Gleichnis, die um ihn waren, mitsamt den Zwölfen.

11 Und er sprach zu ihnen: Euch ist's gegeben, das Geheimnis des Reiches Gottes zu wissen; denen aber draußen widerfährt es alles nur durch Gleichnisse,

12 auf daß sie es mit sehenden Augen sehen, und doch nicht erkennen, und mit hörenden Ohren hören, und doch nicht verstehen, auf daß sie sich nicht dermaleinst bekehren und ihre Sünden ihnen vergeben werden.

13 Und er sprach zu ihnen: Verstehet ihr dies Gleichnis nicht, wie wollt ihr denn die andern alle verstehen?

14 Der Sämann sät das Wort.

15 Diese sind's aber, die an dem Wege sind: Wo das Wort gesät wird und sie es gehört haben, so kommt alsbald der

Satan und nimmt weg das Wort, das in ihr Herz gesät war.

16 Also auch die sind's, bei welchen aufs Steinige gesät ist: wenn sie das Wort gehört haben, nehmen sie es alsbald mit Freuden auf,

17 und haben keine Wurzel in sich, sondern sind wetterwendisch; wenn sich Trübsal oder Verfolgung um des Wortes willen erhebt, so ärgern sie sich alsbald.

18 Und diese sind's, bei welchen unter die Dornen gesät ist: die das Wort hören,

19 und die Sorgen dieser Welt und der betrügerische Reichtum und viele andere Lüste gehen hinein und ersticken das Wort, und es bleibt ohne Frucht.

20 Und diese sind's, bei welchen auf ein gutes Land gesät ist: die das Wort hören und nehmen's an und bringen Frucht, etliche dreißigfältig und etliche sechzigfältig und etliche hundertfältig.

21 Und er sprach zu ihnen: Zündet man auch ein Licht an, daß man es unter einen Scheffel oder unter einen Tisch setze? Mitnichten, sondern daß man's auf einen Leuchter setze.

22 Denn es ist nichts verborgen, das es

nicht offenbar werde, und ist nichts Heimliches, das nicht hervorkomme.

23 Wer Ohren hat, zu hören, der höre!

24 Und er sprach zu ihnen: Sehet zu, was ihr höret! Mit welcherlei Maß ihr messet, wird man euch wieder messen, und man wird noch zugeben euch, die ihr dies hört.

25 Denn wer da hat, dem wird gegeben; und wer nicht hat, von dem wird man nehmen, auch was er hat.

26 Und er sprach: Das Reich Gottes hat sich also, als wenn ein Mensch Samen aufs Land wirft

27 und schläft und steht auf Nacht und Tag; und der Same geht auf und wächst, daß er's nicht weiß.

28 Denn die Erde bringt von selbst zum ersten das Gras, darnach die Ähren, darnach den vollen Weizen in den Ähren.

29 Wenn sie aber die Frucht gebracht hat, so schickt er bald die Sichel hin; denn die Ernte ist da.

30 Und er sprach: Wem wollen wir das Reich Gottes vergleichen, und durch welch Gleichnis wollen wir es vorbilden?

31 Gleichwie ein Senfkorn, wenn das

gesät wird aufs Land, so ist's das kleinste unter allen Samen auf Erden;

32 und wenn es gesät ist, so nimmt es zu und wird größer denn alle Kohlkräuter und gewinnt große Zweige, also daß die Vögel unter dem Himmel unter seinem Schatten wohnen können.

33 Und durch viele solche Gleichnisse sagte er ihnen das Wort, nach dem sie es hören konnten.

34 Und ohne Gleichnis redete er nichts zu ihnen; aber insonderheit legte er's seinen Jüngern alles aus.

35 Und an demselben Tage des Abends sprach er zu ihnen: Laßt uns hinüberfahren.

36 Und sie ließen das Volk gehen und nahmen ihn, wie er im Schiff war; und es waren mehr Schiffe bei ihm.

37 Und es erhob sich ein großer Windwirbel und warf Wellen in das Schiff, also daß das Schiff voll ward.

38 Und er war hinten auf dem Schiff und schlief auf einem Kissen. Und sie weckten ihn auf und sprachen zu ihm: Meister, fragst du nichts darnach, daß wir verderben?

39 Und er stand auf und bedrohte den Wind und sprach zu dem Meer: Schweig und verstumme! Und der Wind legte sich, und es ward eine große Stille.

40 Und er sprach zu ihnen: Wie seid ihr so furchtsam? Wie, daß ihr keinen Glauben habt?

41 Und sie fürchteten sich sehr und sprachen untereinander: Wer ist der? denn Wind und Meer sind ihm gehorsam.

5. Kapitel

Wunder Jesu an einem Besessenen, dem blutflüssigen Weib und dem Töchterlein des Jairus.

1 Und sie kamen jenseits des Meers in die Gegend der Gadarener.

2 Und als er aus dem Schiff trat, lief ihm alsbald entgegen aus den Gräbern ein besessener Mensch mit einem unsaubern Geist,

3 der seine Wohnung in den Gräbern hatte; und niemand konnte ihn binden, auch nicht mit Ketten.

4 Denn er war oft mit Fesseln und Ketten gebunden gewesen, und hatte die Ketten abgerissen und die Fesseln zerrieben; und niemand konnte ihn zähmen.

5 Und er war allezeit, Tag und Nacht, auf den Bergen und in den Gräbern, schrie und schlug sich mit Steinen.

6 Da er aber Jesum sah von ferne, lief er zu und fiel vor ihm nieder, schrie laut und sprach:

7 Was habe ich mit dir zu tun, o Jesu, du Sohn Gottes, des Allerhöchsten? Ich beschwöre dich bei Gott, daß du mich nicht quälest!

8 Denn er sprach zu ihm: Fahre aus, du unsauberer Geist, von dem Menschen!

9 Und er fragte ihn: Wie heißt du? Und er antwortete und sprach: Legion heiße ich; denn wir sind unser viele.

10 Und er bat ihn sehr, daß er sie nicht aus der Gegend triebe.

11 Und es war daselbst an den Bergen eine große Herde Säue auf der Weide.

12 Und die Teufel baten ihn alle und sprachen: Laß uns in die Säue fahren!

13 Und alsbald erlaubte es ihnen Jesus. Da fuhren die unsauberen Geister aus

und fuhren in die Säue; und die Herde stürzte sich von dem Abhang ins Meer (ihrer waren aber bei zweitausend) und ersoffen im Meer.

14 Und die Sauhirten flohen und verkündigten das in der Stadt und auf dem Lande. Und sie gingen hinaus, zu sehen, was da geschehen war,

15 und kamen zu Jesu und sahen den, der von den Teufeln besessen war, daß er saß und war bekleidet und vernünftig, und fürchteten sich.

16 Und die es gesehen hatten, sagten ihnen, was dem Besessenen widerfahren war, und von den Säuen.

17 Und sie fingen an und baten ihn, daß er aus ihrer Gegend zöge.

18 Und da er in das Schiff trat, bat ihn der Besessene, daß er möchte bei ihm sein.

19 Aber Jesus ließ es nicht zu, sondern sprach zu ihm: Gehe hin in dein Haus und zu den Deinen und verkündige ihnen, wie große Wohltat dir der HERR getan und sich deiner erbarmt hat.

20 Und er ging hin und fing an, auszurufen in den zehn Städten, wie

große Wohltat ihm Jesus getan hatte; und jedermann verwunderte sich.

21 Und da Jesus wieder herüberfuhr im Schiff, versammelte sich viel Volks zu ihm, und er war an dem Meer.

22 Und siehe, da kam der Obersten einer von der Schule, mit Namen Jairus; und da er ihn sah, fiel er ihm zu Füßen

23 und bat ihn sehr und sprach: Meine Tochter ist in den letzten Zügen; Du wollest kommen und deine Hand auf sie legen, daß sie gesund werde und lebe.

24 Und er ging hin mit ihm; und es folgte ihm viel Volks nach, und sie drängten ihn.

25 Und da war ein Weib, das hatte den Blutgang zwölf Jahre gehabt

26 und viel erlitten von vielen Ärzten und hatte all ihr Gut darob verzehrt, und half ihr nichts, sondern vielmehr ward es ärger mit ihr.

27 Da die von Jesu hörte, kam sie im Volk von hintenzu und rührte sein Kleid an.

28 Denn sie sprach: Wenn ich nur sein Kleid möchte anrühren, so würde ich gesund.

29 Und alsbald vertrocknete der

Brunnen ihres Bluts; und sie fühlte es am Leibe, daß sie von ihrer Plage war gesund geworden.

30 Und Jesus fühlte alsbald an sich selbst die Kraft, die von ihm ausgegangen war, und wandte sich um zum Volk und sprach: Wer hat meine Kleider angerührt?

31 Und die Jünger sprachen zu ihm: Du siehst, daß dich das Volk drängt, und sprichst: Wer hat mich angerührt?

32 Und er sah sich um nach der, die das getan hatte.

33 Das Weib aber fürchtete sich und zitterte (denn sie wußte, was an ihr geschehen war), kam und fiel vor ihm nieder und sagte die ganze Wahrheit.

34 Er sprach aber zu ihr: Meine Tochter, Dein Glaube hat dich gesund gemacht; gehe hin mit Frieden und sei gesund von deiner Plage!

35 Da er noch also redete, kamen etliche vom Gesinde des Obersten der Schule und sprachen: Deine Tochter ist gestorben; was bemühst du weiter den Meister?

36 Jesus aber hörte alsbald die Rede, die da gesagt ward, und sprach zu dem

Obersten der Schule: Fürchte dich nicht, glaube nur!

37 Und ließ niemand ihm nachfolgen denn Petrus und Jakobus und Johannes, den Bruder des Jakobus.

38 Und er kam in das Haus des Obersten der Schule und sah das Getümmel und die da weinten und heulten.

39 Und er ging hinein und sprach zu ihnen: Was tummelt und weinet ihr? Das Kind ist nicht gestorben, sondern es schläft. Und sie verlachten ihn.

40 Und er trieb sie alle aus und nahm mit sich den Vater des Kindes und die Mutter die bei ihm waren, und ging hinein, da das Kind lag,

41 und ergriff das Kind bei der Hand und sprach zu ihr: Talitha kumi! das ist verdolmetscht: Mägdlein, ich sage dir stehe auf!

42 Und alsbald stand das Mägdlein auf und wandelte; es war aber zwölf Jahre alt. Und sie entsetzten sich über die Maßen.

43 Und er verbot ihnen hart, daß es niemand wissen sollte, und sagte, sie sollten ihr zu essen geben.

6. Kapitel

Verachtung Jesu zu Nazareth. Aussendung der Zwölf. Enthauptung des Täufers. Speisung der Fünftausend. Jesus auf dem Meer. Krankenheilung.

1 Und er ging aus von da und kam in seine Vaterstadt; und seine Jünger folgten ihm nach.

2 Und da der Sabbat kam, hob er an zu lehren in ihrer Schule. Und viele, die es hörten, verwunderten sich seiner Lehre und sprachen: Woher kommt dem solches? Und was für Weisheit ist's, die ihm gegeben ist, und solche Taten, die durch seine Hände geschehen?

3 Ist er nicht der Zimmermann, Marias Sohn, und der Bruder des Jakobus und Joses und Judas und Simon? Sind nicht auch seine Schwestern allhier bei uns? Und sie ärgerten sich an ihm.

4 Jesus aber sprach zu ihnen: Ein Prophet gilt nirgend weniger denn im Vaterland und daheim bei den Seinen.

5 Und er konnte allda nicht eine einzige Tat tun; außer wenig Siechen legte er die

Hände auf und heilte sie.

6 Und er verwunderte sich ihres Unglaubens. Und er ging umher in die Flecken im Kreis und lehrte sie.

7 Und er berief die Zwölf und hob an und sandte sie je zwei und zwei und gab ihnen Macht über die unsauberen Geister,

8 und gebot ihnen, daß sie nichts bei sich trügen auf dem Wege denn allein einen Stab, keine Tasche, kein Brot, kein Geld im Gürtel,

9 aber wären geschuht, und daß sie nicht zwei Röcke anzögen.

10 Und sprach zu ihnen: Wo ihr in ein Haus gehen werdet, da bleibet bis ihr von dannen zieht.

11 Und welche euch nicht aufnehmen noch hören, da gehet von dannen heraus und schüttelt den Staub ab von euren Füßen zu einem Zeugnis über sie. Ich sage euch wahrlich: Es wird Sodom und Gomorrha am Jüngsten Gericht erträglicher gehen denn solcher Stadt.

12 Und sie gingen aus und predigten, man sollte Buße tun,

13 und trieben viele Teufel aus und

salbten viele Sieche mit Öl und machten sie gesund.

14 Und es kam vor den König Herodes (denn sein Name war nun bekannt) und er sprach: Johannes der Täufer ist von den Toten auferstanden, darum tut er solche Taten.

15 Etliche aber sprachen: Er ist Elia; etliche aber: Er ist ein Prophet oder einer von den Propheten.

16 Da es aber Herodes hörte, sprach er: Es ist Johannes, den ich enthauptet habe; der ist von den Toten auferstanden.

17 Er aber, Herodes, hatte ausgesandt und Johannes gegriffen und ins Gefängnis gelegt um der Herodias willen, seines Bruders Philippus Weib; denn er hatte sie gefreit.

18 Johannes aber sprach zu Herodes: Es ist nicht recht, daß du deines Bruders Weib habest.

19 Herodias aber stellte ihm nach und wollte ihn töten, und konnte nicht.

20 Herodes aber fürchtete Johannes; denn er wußte, daß er ein frommer und heiliger Mann war; und verwahrte ihn und gehorchte ihm in vielen Sachen und hörte

ihn gern.

21 Und es kam ein gelegener Tag, daß Herodes auf seinen Jahrestag ein Abendmahl gab den Obersten und Hauptleuten und Vornehmsten in Galiläa.

22 Da trat hinein die Tochter der Herodias und tanzte, und gefiel wohl dem Herodes und denen die am Tisch saßen. Da sprach der König zu dem Mägdlein: Bitte von mir, was du willst, ich will dirs geben.

23 Und er schwur ihr einen Eid: Was du wirst von mir bitten, will ich dir geben, bis an die Hälfte meines Königreiches.

24 Sie ging hinaus und sprach zu ihrer Mutter: Was soll ich bitten? Die sprach: Das Haupt Johannes des Täufers.

25 Und sie ging alsbald hinein mit Eile zum König, bat und sprach: Ich will, daß du mir gebest jetzt zur Stunde auf einer Schüssel das Haupt Johannes des Täufers.

26 Der König war betrübt; doch um des Eides willen und derer, die am Tisch saßen, wollte er sie nicht lassen eine Fehlbitte tun.

27 Und alsbald schickte hin der König den Henker und hieß sein Haupt

herbringen. Der ging hin und enthauptete ihn im Gefängnis

28 und trug her sein Haupt auf einer Schüssel und gab's dem Mägdlein, und das Mägdlein gab's ihrer Mutter.

29 Und da das seine Jünger hörten, kamen sie und nahmen seinen Leib, und legten ihn in ein Grab.

30 Und die Apostel kamen zu Jesu zusammen und verkündigten ihm das alles und was sie getan und gelehrt hatten.

31 Und er sprach zu ihnen: Lasset uns besonders an eine wüste Stätte gehen und ruht ein wenig. Denn ihr waren viele, die ab und zu gingen; und sie hatten nicht Zeit genug, zu essen.

32 Und er fuhr da in einem Schiff zu einer wüsten Stätte besonders.

33 Und das Volk sah sie wegfahren; und viele kannten ihn und liefen dahin miteinander zu Fuß aus allen Städten und kamen ihnen zuvor und kamen zu ihm.

34 Und Jesus ging heraus und sah das große Volk; und es jammerte ihn derselben; denn sie waren wie die Schafe, die keinen Hirten haben; und er

fing an eine lange Predigt.

35 Da nun der Tag fast dahin war, traten seine Jünger zu ihm und sprachen: Es ist wüst hier, und der Tag ist nun dahin;

36 laß sie von dir, daß sie hingehen umher in die Dörfer und Märkte und kaufen sich Brot, denn sie haben nichts zu essen.

37 Jesus aber antwortete und sprach zu ihnen: Gebt ihr ihnen zu essen. Und sie sprachen zu ihm: Sollen wir denn hingehen und für zweihundert Groschen Brot kaufen und ihnen zu essen geben?

38 Er aber sprach zu ihnen: Wieviel Brot habt ihr? Gehet hin und sehet! Und da sie es erkundet hatten, sprachen sie: Fünf, und zwei Fische.

39 Und er gebot ihnen, daß sie sich alle lagerten, tischweise, auf das grüne Gras.

40 Und sie setzten sich nach Schichten, je hundert und hundert, fünfzig und fünfzig.

41 Und er nahm die fünf Brote und zwei Fische, sah zum Himmel auf und dankte und brach die Brote und gab sie den Jüngern, daß sie ihnen vorlegten; und die zwei Fische teilte er unter sie alle.

42 Und sie aßen alle und wurden satt.

43 Und sie hoben auf die Brocken, zwölf Körbe voll, und von den Fischen.

44 Und die da gegessen hatten, waren fünftausend Mann.

45 Und alsbald trieb er seine Jünger, daß sie in das Schiff träten und vor ihm hinüberführen gen Bethsaida, bis daß er das Volk von sich ließe.

46 Und da er sie von sich geschafft hatte, ging er hin auf einen Berg, zu beten.

47 Und am Abend war das Schiff mitten auf dem Meer und er auf dem Lande allein.

48 Und er sah, daß sie Not litten im Rudern; denn der Wind war ihnen entgegen. Und um die vierte Wache der Nacht kam er zu ihnen und wandelte auf dem Meer;

49 und er wollte an ihnen vorübergehen. Und da sie ihn sahen auf dem Meer wandeln, meinten sie, es wäre ein Gespenst, und schrieen;

50 denn sie sahen ihn alle und erschraken. Aber alsbald redete er mit ihnen und sprach zu ihnen: Seid getrost, ich bin's, fürchtet euch nicht!

51 Und er trat zu ihnen ins Schiff, und der Wind legte sich. Und sie entsetzten und verwunderten sich über die Maßen,

52 denn sie waren nichts verständiger geworden über den Broten, und ihr Herz war erstarrt.

53 Und da sie hinübergefahren waren, kamen sie in das Land Genezareth und fuhren an.

54 Und da sie aus dem Schiff traten alsbald kannten sie ihn

55 und liefen in alle die umliegenden Länder und hoben an, die Kranken umherzuführen auf Betten, wo sie hörten, daß er war.

56 Und wo er in die Märkte oder Städte oder Dörfer einging, da legten sie die Kranken auf den Markt und baten ihn, daß sie nur den Saum seines Kleides anrühren möchten; und alle, die ihn anrührten, wurden gesund.

7. Kapitel

*Jesus warnt vor Menschensatzung,
heilt die Tochter des kanaanäischen Weibes
und einen Taubstummen.*

1 Und es kamen zu ihm die Pharisäer und etliche von den Schriftgelehrten, die von Jerusalem gekommen waren.

2 Und da sie sahen etliche seiner Jünger mit gemeinen (das ist ungewaschenen) Händen das Brot essen, tadelten sie es.

3 (Denn die Pharisäer und alle Juden essen nicht, sie waschen denn die Hände manchmal, und halten also die Aufsätze der Ältesten;

4 und wenn sie vom Markt kommen, essen sie nicht, sie waschen sich denn. Und des Dinges ist viel, das sie zu halten haben angenommen, von Trinkgefäßen und Krügen und ehernen Gefäßen und Tischen zu waschen.)

5 Da fragten ihn nun die Pharisäer und Schriftgelehrten: Warum wandeln deine Jünger nicht nach den Aufsätzen der Ältesten, sondern essen das Brot mit ungewaschenen Händen?

6 Er aber antwortete und sprach zu ihnen: Wohl fein hat von euch Heuchlern Jesaja geweissagt, wie geschrieben steht: "Dies Volk ehrt mich mit den Lippen, aber ihr Herz ist ferne von mir.

7 Vergeblich aber ist's, daß sie mir dienen, dieweil sie lehren solche Lehre die nichts ist denn Menschengebot.

8 Ihr verlasset Gottes Gebot, und haltet der Menschen Aufsätze von Krügen und Trinkgefäßen zu waschen; und desgleichen tut ihr viel.

9 Und er sprach zu ihnen: Wohl fein habt ihr Gottes Gebote aufgehoben, auf daß ihr eure Aufsätze haltet.

10 Denn Mose hat gesagt: "Du sollst deinen Vater und deine Mutter ehren," und "Wer Vater oder Mutter flucht, soll des Todes sterben."

11 Ihr aber lehret: Wenn einer spricht zu Vater oder Mutter "Korban," das ist, "es ist Gott gegeben," was dir sollte von mir zu Nutz kommen, der tut wohl.

12 Und so laßt ihr hinfort ihn nichts tun seinem Vater oder seiner Mutter

13 und hebt auf Gottes Wort durch eure Aufsätze, die ihr aufgesetzt habt; und

desgleichen tut ihr viel.

14 Und er rief zu sich das ganze Volk und sprach zu ihnen: Höret mir alle zu und fasset es!

15 Es ist nichts außerhalb des Menschen, das ihn könnte gemein machen, so es in ihn geht; sondern was von ihm ausgeht, das ist's, was den Menschen gemein macht.

16 Hat jemand Ohren, zu hören, der höre!

17 Und da er von dem Volk ins Haus kam, fragten ihn seine Jünger um dies Gleichnis.

18 Und er sprach zu ihnen: Seid ihr denn auch so unverständig? Vernehmet ihr noch nicht, daß alles, was außen ist und in den Menschen geht, das kann ihn nicht gemein machen?

19 Denn es geht nicht in sein Herz, sondern in den Bauch, und geht aus durch den natürlichen Gang, der alle Speise ausfegt.

20 Und er sprach: Was aus dem Menschen geht, das macht den Menschen gemein;

21 denn von innen, aus dem Herzen der

Menschen, gehen heraus böse Gedanken; Ehebruch, Hurerei, Mord,

22 Dieberei, Geiz, Schalkheit, List, Unzucht, Schalksauge, Gotteslästerung, Hoffart, Unvernunft.

23 Alle diese bösen Stücke gehen von innen heraus und machen den Menschen gemein.

24 Und er stand auf und ging von dannen in die Gegend von Tyrus und Sidon; und ging da in ein Haus und wollte es niemand wissen lassen, und konnte doch nicht verborgen sein.

25 Denn ein Weib hatte von ihm gehört, deren Töchterlein einen unsauberen Geist hatte, und sie kam und fiel nieder zu seinen Füßen

26 (und es war ein griechisches Weib aus Syrophönizien), und sie bat ihn, daß er den Teufel von ihrer Tochter austriebe.

27 Jesus aber sprach zu ihr: Laß zuvor die Kinder satt werden; es ist nicht fein, daß man der Kinder Brot nehme und werfe es vor die Hunde.

28 Sie antwortete aber und sprach zu ihm: Ja, HERR; aber doch essen die Hündlein unter dem Tisch von den

Brosamen der Kinder.

29 Und er sprach zu ihr: Um des Wortes willen so gehe hin; der Teufel ist von deiner Tochter ausgefahren.

30 Und sie ging hin in ihr Haus und fand, daß der Teufel war ausgefahren und die Tochter auf dem Bette liegend.

31 Und da er wieder ausging aus der Gegend von Tyrus und Sidon, kam er an das Galiläische Meer, mitten in das Gebiet der zehn Städte.

32 Und sie brachten zu ihm einen Tauben, der stumm war, und sie baten ihn, daß er die Hand auf ihn legte.

33 Und er nahm ihn von dem Volk besonders und legte ihm die Finger in die Ohren und spützte und rührte seine Zunge

34 und sah auf gen Himmel, seufzte und sprach zu ihm: Hephatha! das ist: Tu dich auf!

35 Und alsbald taten sich seine Ohren auf, und das Band seiner Zunge war los, und er redete recht.

36 Und er verbot ihnen, sie sollten's niemand sagen. Je mehr er aber verbot, je mehr sie es ausbreiteten.

37 Und sie wunderten sich über die Maßen und sprachen: Er hat alles wohl gemacht; die Tauben macht er hörend und die Sprachlosen redend.

8. Kapitel

Speisung der Viertausend. Zeichenforderung. Warnung vor den Pharisäern und vor Herodes. Heilung eines Blinden. Bekenntnis des Petrus. Erste Leidensverkündigung.

1 Zu der Zeit, da viel Volks da war, und hatten nichts zu essen, rief Jesus seine Jünger zu sich und sprach zu ihnen:

2 Mich jammert des Volks; denn sie haben nun drei Tage bei mir beharrt und haben nichts zu essen;

3 und wenn ich sie ungegessen von mir heim ließe gehen, würden sie auf dem Wege verschmachten; denn etliche sind von ferne gekommen.

4 Seine Jünger antworteten ihm: Woher nehmen wir Brot hier in der Wüste, daß wir sie sättigen?

5 Und er fragte sie: Wieviel habt ihr

Brote? Sie sprachen: Sieben.

6 Und er gebot dem Volk, daß sie sich auf der Erde lagerten. Und er nahm die sieben Brote und dankte und brach sie und gab sie seinen Jüngern, daß sie dieselben vorlegten; und sie legten dem Volk vor.

7 Und hatten ein wenig Fischlein; und er dankte und hieß die auch vortragen.

8 Sie aßen aber und wurden satt; und hoben die übrigen Brocken auf, sieben Körbe.

9 Und ihrer waren bei viertausend, die da gegessen hatten; und er ließ sie von sich.

10 Und alsbald trat er in ein Schiff mit seinen Jüngern und kam in die Gegend von Dalmanutha.

11 Und die Pharisäer gingen heraus und fingen an, sich mit ihm zu befragen, versuchten ihn und begehrten von ihm ein Zeichen vom Himmel.

12 Und er seufzte in seinem Geist und sprach: Was sucht doch dies Geschlecht Zeichen? Wahrlich, ich sage euch: Es wird diesem Geschlecht kein Zeichen gegeben.

13 Und er ließ sie und trat wiederum in das Schiff und fuhr herüber.

14 Und sie hatten vergessen, Brot mit sich zu nehmen, und hatten nicht mehr mit sich im Schiff denn ein Brot.

15 Und er gebot ihnen und sprach: Schauet zu und sehet euch vor vor dem Sauerteig der Pharisäer und vor dem Sauerteig des Herodes.

16 Und sie gedachten hin und her und sprachen untereinander: Das ist's, daß wir nicht Brot haben.

17 Und Jesus merkte das und sprach zu ihnen: Was bekümmert ihr euch doch, daß ihr nicht Brot habt? Vernehmet ihr noch nichts und seid noch nicht verständig? Habt ihr noch ein erstarrtes Herz in euch?

18 Ihr habt Augen, und sehet nicht, und habt Ohren, und höret nicht, und denket nicht daran,

19 da ich fünf Brote brach unter fünftausend: wie viel Körbe voll Brocken hobt ihr da auf? Sie sprachen: Zwölf.

20 Da ich aber sieben brach unter die viertausend, wieviel Körbe voll Brocken hobt ihr da auf? Sie sprachen: Sieben.

21 Und er sprach zu ihnen: Wie vernehmet ihr denn nichts?

22 Und er kam gen Bethsaida. Und sie brachten zu ihm einen Blinden und baten ihn, daß er ihn anrührte.

23 Und er nahm den Blinden bei der Hand und führte ihn hinaus vor den Flecken; spützte in seine Augen und legte seine Hände auf ihn und fragte ihn, ob er etwas sähe?

24 Und er sah auf und sprach: Ich sehe Menschen gehen, als sähe ich Bäume.

25 Darnach legte er abermals die Hände auf seine Augen und hieß ihn abermals sehen; und er ward wieder zurechtgebracht, daß er alles scharf sehen konnte.

26 Und er schickte ihn heim und sprach: Gehe nicht hinein in den Flecken und sage es auch niemand drinnen.

27 Und Jesus ging aus mit seinen Jüngern in die Märkte der Stadt Cäsarea Philippi. Und auf dem Wege fragte er seine Jünger und sprach zu ihnen: Wer sagen die Leute, daß ich sei?

28 Sie antworteten: Sie sagen du seiest Johannes der Täufer; etliche sagen, du

seiest Elia; etliche, du seiest der Propheten einer.

29 Und er sprach zu ihnen: Ihr aber, wer sagt ihr, daß ich sei? Da antwortete Petrus und sprach zu ihm: Du bist Christus!

30 Und er bedrohte sie, daß sie niemand von ihm sagen sollten.

31 Und er hob an sie zu lehren: Des Menschen Sohn muß viel leiden und verworfen werden von den Ältesten und Hohenpriestern und Schriftgelehrten und getötet werden und über drei Tage auferstehen.

32 Und er redete das Wort frei offenbar. Und Petrus nahm ihn zu sich, fing an, ihm zu wehren.

33 Er aber wandte sich um und sah seine Jünger an und bedrohte Petrus und sprach: Gehe hinter mich, du Satan! denn du meinst nicht, was göttlich, sondern was menschlich ist.

34 Und er rief zu sich das Volk samt seinen Jüngern und sprach zu ihnen: Wer mir will nachfolgen, der verleugne sich selbst und nehme sein Kreuz auf sich und folge mir nach.

35 Denn wer sein Leben will behalten,

der wird's verlieren; und wer sein Leben verliert um meinet- und des Evangeliums willen, der wird's behalten.

36 Was hülfe es dem Menschen, wenn er die ganze Welt gewönne, und nähme an seiner Seele Schaden?

37 Oder was kann der Mensch geben, damit er seine Seele löse?

38 Wer sich aber mein und meiner Worte schämt unter diesem ehebrecherischen und sündigen Geschlecht, des wird sich auch des Menschen Sohn schämen, wenn er kommen wird in der Herrlichkeit seines Vaters mit den heiligen Engeln.

9. Kapitel

Verklärung Christi. Heilung eines Besessenen. Zweite Leidensankündigung. Rangstreit. Demut und Achtung der Kleinen empfohlen. Warnung vor Ärgernis.

1 Und er sprach zu ihnen: Wahrlich ich sage euch: Es stehen etliche hier, die werden den Tod nicht schmecken, bis

daß sie sehen das Reich Gottes mit seiner Kraft kommen.

2 Und nach sechs Tagen nahm Jesus zu sich Petrus, Jakobus und Johannes und führte sie auf einen hohen Berg besonders allein und verklärte sich vor ihnen.

3 Und seine Kleider wurden hell und sehr weiß wie der Schnee, daß sie kein Färber auf Erden kann so weiß machen.

4 Und es erschien ihnen Elia mit Mose und hatten eine Rede mit Jesu.

5 Und Petrus antwortete und sprach zu Jesu: Rabbi, hier ist gut sein. Lasset uns drei Hütten machen: dir eine, Mose eine und Elia eine.

6 Er wußte aber nicht, was er redete; denn sie waren bestürzt.

7 Und es kam eine Wolke, die überschattete sie. Und eine Stimme fiel aus der Wolke und sprach: Das ist mein lieber Sohn; den sollt ihr hören!

8 Und bald darnach sahen sie um sich und sahen niemand mehr denn allein Jesum bei ihnen.

9 Da sie aber vom Berge herabgingen, verbot ihnen Jesus, daß sie niemand

sagen sollten, was sie gesehen hatten, bis des Menschen Sohn auferstünde von den Toten.

10 Und sie behielten das Wort bei sich und befragten sich untereinander: Was ist doch das Auferstehen von den Toten?

11 Und sie fragten ihn und sprachen: Sagen doch die Schriftgelehrten, daß Elia muß zuvor kommen.

12 Er antwortete aber und sprach zu ihnen: Elia soll ja zuvor kommen und alles wieder zurechtbringen; dazu soll des Menschen Sohn viel leiden und verachtet werden, wie denn geschrieben steht.

13 Aber ich sage euch: Elia ist gekommen, und sie haben an ihm getan, was sie wollten, nach dem von ihm geschrieben steht.

14 Und er kam zu seinen Jüngern und sah viel Volks um sie und Schriftgelehrte, die sich mit ihnen befragten.

15 Und alsbald, da alles Volk ihn sah, entsetzten sie sich, liefen zu und grüßten ihn.

16 Und er fragte die Schriftgelehrten: Was befragt ihr euch mit ihnen?

17 Einer aber aus dem Volk antwortete

und sprach: Meister, ich habe meinen Sohn hergebracht zu dir, der hat einen sprachlosen Geist.

18 Und wo er ihn erwischt, da reißt er ihn; und er schäumt und knirscht mit den Zähnen und verdorrt. Ich habe mit deinen Jüngern geredet, daß sie ihn austrieben, und sie können's nicht.

19 Er antwortete ihm aber und sprach: O du ungläubiges Geschlecht, wie lange soll ich bei euch sein? wie lange soll ich euch tragen? Bringet ihn her zu mir!

20 Und sie brachten ihn her zu ihm. Und alsbald, da ihn der Geist sah, riß er ihn; und er fiel auf die Erde und wälzte sich und schäumte.

21 Und er fragte seinen Vater: Wie lange ist's, daß es ihm widerfahren ist? Er sprach: Von Kind auf.

22 Und oft hat er ihn in Feuer und Wasser geworfen, daß er ihn umbrächte. Kannst du aber was, so erbarme dich unser und hilf uns!

23 Jesus aber sprach zu ihm: Wenn du könntest Glauben! Alle Dinge sind möglich dem, der da glaubt.

24 Und alsbald schrie des Kindes Vater

mit Tränen und sprach: Ich glaube, lieber HERR, hilf meinem Unglauben!

25 Da nun Jesus sah, daß das Volk zulief, bedrohte er den unsauberen Geist und sprach zu ihm: Du sprachloser und tauber Geist, ich gebiete dir, daß du von ihm ausfahrest und fahrest hinfort nicht in ihn!

26 Da schrie er und riß ihn sehr und fuhr aus. Und er ward, als wäre er tot, daß auch viele sagten: Er ist tot.

27 Jesus aber ergriff ihn bei der Hand und richtete ihn auf; und er stand auf.

28 Und da er heimkam, fragten ihn seine Jünger besonders: Warum konnten wir ihn nicht austreiben?

29 Und er sprach: Diese Art kann mit nichts ausfahren denn durch Beten und Fasten.

30 Und sie gingen von da hinweg und wandelten durch Galiläa; und er wollte nicht, daß es jemand wissen sollte.

31 Er lehrte aber seine Jünger und sprach zu ihnen: Des Menschen Sohn wird überantwortet werden in der Menschen Hände, und sie werden ihn töten; und wenn er getötet ist, so wird er am dritten Tage auferstehen.

32 Sie aber verstanden das Wort nicht, und fürchteten sich, ihn zu fragen.

33 Und er kam gen Kapernaum. Und da er daheim war, fragten er sie: Was handeltet ihr miteinander auf dem Wege?

34 Sie aber schwiegen; denn sie hatten miteinander auf dem Wege gehandelt, welcher der Größte wäre.

35 Und er setzte sich und rief die Zwölf und sprach zu ihnen: So jemand will der Erste sein, der soll der Letzte sein vor allen und aller Knecht.

36 Und er nahm ein Kindlein und stellte es mitten unter sie und herzte es und sprach zu ihnen:

37 Wer ein solches Kindlein in meinem Namen aufnimmt, der nimmt mich auf; und wer mich aufnimmt, der nimmt nicht mich auf, sondern den, der mich gesandt hat.

38 Johannes aber antwortete ihm und sprach: Meister, wir sahen einen, der trieb Teufel in deinem Namen aus, welcher uns nicht nachfolgt; und wir verboten's ihm, darum daß er uns nicht nachfolgt.

39 Jesus aber sprach: Ihr sollt's ihm nicht

verbieten. Denn es ist niemand, der eine Tat tue in meinem Namen, und möge bald übel von mir reden.

40 Wer nicht wider uns ist, der ist für uns.

41 Wer aber euch tränkt mit einem Becher Wassers in meinem Namen, darum daß ihr Christo angehöret, wahrlich, ich sage euch, es wird ihm nicht unvergolten bleiben.

42 Und wer der Kleinen einen ärgert, die an mich glauben, dem wäre es besser, daß ihm ein Mühlstein an seinen Hals gehängt und er ins Meer geworfen würde.

43 So dich aber deine Hand ärgert, so haue sie ab! Es ist dir besser, daß du als ein Krüppel zum Leben eingehest, denn daß du zwei Hände habest und fahrest in die Hölle, in das ewige Feuer,

44 da ihr Wurm nicht stirbt und ihr Feuer nicht verlöscht.

[Und wenn deine Hand dich ärgert, so haue sie ab! Es ist besser für dich, verstümmelt in das Leben einzugehen, als daß du deine beiden Hände hast und in die Hölle kommst, in das unauslöschliche Feuer. (1)]

45 Ärgert dich dein Fuß, so haue ihn ab. Es ist dir besser, daß du lahm zum Leben eingehest, denn daß du zwei Füße habest und werdest in die Hölle geworfen, in das ewige Feuer, [Siehe Anhang: A, B und Anmerkung]

46 da ihr Wurm nicht stirbt und ihr Feuer nicht verlöscht.

[Und wenn dein Fuß dich ärgert, so haue ihn ab! Es ist besser für dich, als Lahmer in das Leben einzugehen, als daß du deine beiden Füße hast und in die Hölle geworfen wirst. (2)]

47 Ärgert dich dein Auge, so wirf's von dir! Es ist dir besser, daß du einäugig in das Reich Gottes gehest, denn daß du zwei Augen habest und werdest in das höllische Feuer geworfen,

48 da ihr Wurm nicht stirbt ihr Feuer nicht verlöscht. [wo ›die Qual nicht endet und das Feuer nicht erlischt‹ (3)]

49 Es muß ein jeglicher mit Feuer gesalzen werden, und alles Opfer wird mit Salz gesalzen.

50 Das Salz ist gut; so aber das Salz dumm wird, womit wird man's würzen?

Habt Salz bei euch und habt Frieden untereinander.

[Das Salz ist etwas Gutes; wenn aber das Salz fade geworden ist, wodurch wollt ihr ihm die Würzkraft wiedergeben? (Mt 5,13; Lk 14,34) Habt Salz in euch und haltet Frieden untereinander. (4)]

10. Kapitel

*Über Ehescheidung. Jesus segnet die
Kindlein. Der reiche Jüngling.
Dritte Leidensverkündigung.
Die Söhne des Zebedäus. Bartimäus.*

1 Und er machte sich auf und kam von dannen an die Örter des jüdischen Landes jenseit des Jordans. Und das Volk ging abermals in Haufen zu ihm, und wie seine Gewohnheit war, lehrte er sie abermals.

2 Und die Pharisäer traten zu ihm und fragten ihn, ob ein Mann sich scheiden möge von seinem Weibe; und versuchten ihn damit.

3 Er antwortete aber und sprach: Was

hat euch Mose geboten?

4 Sie sprachen; Mose hat zugelassen, einen Scheidebrief zu schreiben und sich zu scheiden.

5 Jesus antwortete und sprach zu ihnen: Um eures Herzens Härtigkeit willen hat er euch solches Gebot geschrieben;

6 aber von Anfang der Kreatur hat sie Gott geschaffen einen Mann und ein Weib.

7 Darum wird der Mensch Vater und Mutter verlassen und wird seinem Weibe anhangen,

8 und werden die zwei ein Fleisch sein. So sind sie nun nicht zwei, sondern ein Fleisch.

9 Was denn Gott zusammengefügt hat, soll der Mensch nicht scheiden.

10 Und daheim fragten ihn abermals seine Jünger darum.

11 Und er sprach zu ihnen: Wer sich scheidet von seinem Weibe und freit eine andere, der bricht die Ehe an ihr;

12 und so sich ein Weib scheidet von ihrem Manne und freit einen anderen, die bricht ihre Ehe.

13 Und sie brachten Kindlein zu ihm, daß

er sie anrührte. Die Jünger aber fuhren die an, die sie trugen.

14 Da es aber Jesus sah, ward er unwillig und sprach zu ihnen: Lasset die Kindlein zu mir kommen und wehret ihnen nicht; denn solcher ist das Reich Gottes.

15 Wahrlich ich sage euch: Wer das Reich Gottes nicht empfängt wie ein Kindlein, der wird nicht hineinkommen.

16 Und er herzte sie und legte die Hände auf sie und segnete sie.

17 Und da er hinausgegangen war auf den Weg, lief einer herzu, kniete, vor ihn und fragte ihn: Guter Meister, was soll ich tun, daß ich das ewige Leben ererbe?

18 Aber Jesus sprach zu ihm: Was heißest du mich gut? Niemand ist gut denn der einige Gott.

19 Du weißt ja die Gebote wohl: "Du sollst nicht ehebrechen; du sollst nicht töten; du sollst nicht stehlen; du sollst nicht falsch Zeugnis reden; du sollst niemand täuschen; ehre Vater und Mutter."

20 Er aber antwortete und sprach zu ihm: Meister, das habe ich alles gehalten von meiner Jugend auf.

21 Und Jesus sah ihn an und liebte ihn und sprach zu ihm: Eines fehlt dir. Gehe hin, verkaufe alles, was du hast, und gib's den Armen, so wirst du einen Schatz im Himmel haben, und komm, folge mir nach und nimm das Kreuz auf dich.

22 Er aber ward unmutig über die Rede und ging traurig davon; denn er hatte viele Güter.

23 Und Jesus sah um sich und sprach zu seinen Jüngern: Wie schwer werden die Reichen in das Reich Gottes kommen!

24 Die Jünger aber entsetzten sich über seine Rede. Aber Jesus antwortete wiederum und sprach zu ihnen: Liebe Kinder, wie schwer ist's, daß die, so ihr Vertrauen auf Reichtum setzen, ins Reich Gottes kommen!

25 Es ist leichter, daß ein Kamel durch ein Nadelöhr gehe, denn daß ein Reicher ins Reich Gottes komme.

26 Sie entsetzten sich aber noch viel mehr und sprachen untereinander: Wer kann denn selig werden?

27 Jesus aber sah sie an und sprach: Bei den Menschen ist's unmöglich, aber nicht bei Gott; denn alle Dinge sind möglich

bei Gott.

28 Da sagte Petrus zu ihm: Siehe, wir haben alles verlassen und sind dir nachgefolgt.

29 Jesus antwortete und sprach: Wahrlich, ich sage euch: Es ist niemand, so er verläßt Haus oder Brüder oder Schwestern oder Vater oder Mutter oder Weib oder Kind oder Äcker um meinetwillen und um des Evangeliums willen,

30 der nicht hundertfältig empfange: jetzt in dieser Zeit Häuser und Brüder und Schwestern und Mütter und Kinder und Äcker mitten unter Verfolgungen, und in der zukünftigen Welt das ewige Leben.

31 Viele aber werden die Letzten sein, die die Ersten sind, und die Ersten sein, die die Letzten sind.

32 Sie waren aber auf dem Wege und gingen hinauf gen Jerusalem; und Jesus ging vor ihnen, und sie entsetzten sich, folgten ihm nach und fürchteten sich. Und Jesus nahm abermals zu sich die Zwölf und sagte ihnen, was ihm widerfahren würde:

33 Siehe, wir gehen hinauf gen

Jerusalem, und des Menschen Sohn wird überantwortet werden den Hohenpriestern und Schriftgelehrten; und sie werden ihn verdammen zum Tode und überantworten den Heiden.

34 Die werden ihn verspotten und geißeln und verspeien und töten; und am dritten Tag wird er auferstehen.

35 Da gingen zu ihm Jakobus und Johannes, die Söhne des Zebedäus, und sprachen: Meister, wir wollen, daß du uns tuest, was wir dich bitten werden.

36 Er sprach zu ihnen: Was wollt ihr, daß ich euch tue?

37 Sie sprachen zu ihm: Gib uns, daß wir sitzen einer zu deiner Rechten und einer zu deiner Linken in deiner Herrlichkeit.

38 Jesus aber sprach zu ihnen: Ihr wisset nicht, was ihr bittet. Könnt ihr den Kelch trinken, den ich trinke, und euch taufen lassen mit der Taufe, mit der ich getauft werde?

39 Sie sprachen zu ihm: Ja, wir können es wohl. Jesus aber sprach zu ihnen: Ihr werdet zwar den Kelch trinken, den ich trinke, und getauft werden mit der Taufe, mit der ich getauft werde;

40 zu sitzen aber zu meiner Rechten und zu meiner Linken stehet mir nicht zu, euch zu geben, sondern welchen es bereitet ist.

41 Und da das die Zehn hörten, wurden sie unwillig über Jakobus und Johannes.

42 Aber Jesus rief sie zu sich und sprach zu ihnen: Ihr wisset, daß die weltlichen Fürsten herrschen und die Mächtigen unter ihnen haben Gewalt.

43 Aber also soll es unter euch nicht sein. Sondern welcher will groß werden unter euch, der soll euer Diener sein;

44 und welcher unter euch will der Vornehmste werden, der soll aller Knecht sein.

45 Denn auch des Menschen Sohn ist nicht gekommen, daß er sich dienen lasse, sondern daß er diene und gebe sein Leben zur Bezahlung für viele.

46 Und sie kamen gen Jericho. Und da er aus Jericho ging, er und seine Jünger und ein großes Volk, da saß ein Blinder, Bartimäus, des Timäus Sohn, am Wege und bettelte.

47 Und da er hörte, daß es Jesus von Nazareth war, fing er an, zu schreien und

zu sagen: Jesu, du Sohn Davids, erbarme dich mein!

48 Und viele bedrohten ihn, er sollte stillschweigen. Er aber schrie viel mehr: Du Sohn Davids, erbarme dich mein!

49 Und Jesus stand still und ließ ihn rufen. Und sie riefen den Blinden und sprachen zu ihm: Sei getrost! stehe auf, er ruft dich!

50 Und er warf sein Kleid von sich, stand auf und kam zu Jesu.

51 Und Jesus antwortete und sprach zu ihm: Was willst du, daß ich dir tun soll? Der Blinde sprach zu ihm: Rabbuni, daß ich sehend werde.

52 Jesus aber sprach zu ihm: Gehe hin; dein Glaube hat dir geholfen. Und alsbald ward er sehend und folgte ihm nach auf dem Wege.

11. Kapitel

Jesus zieht in Jerusalem ein, flucht dem Feigenbaum, reinigt den Tempel, redet von Glauben, Gebet und Versöhnlichkeit; verteidigt seine Vollmacht.

1 Und da sie nahe an Jerusalem kamen, gen Bethphage und Bethanien an den Ölberg, sandte er seiner Jünger zwei

2 und sprach zu ihnen: Gehet hin in den Flecken, der vor euch liegt; und alsbald, wenn ihr hineinkommt, werdet ihr finden ein Füllen angebunden, auf welchem nie ein Mensch gesessen hat; löset es ab und führet es her!

3 Und so jemand zu euch sagen wird: Warum tut ihr das? so sprechet: Der HERR bedarf sein; so wird er's alsbald hersenden.

4 Sie gingen hin und fanden das Füllen gebunden an die Tür, außen auf der Wegscheide, und lösten es ab.

5 Und etliche, die dastanden, sprachen zu ihnen: Was macht ihr, daß ihr das Füllen ablöset?

6 Sie sagten aber zu ihnen, wie ihnen

Jesus geboten hatte, und die ließen's zu.

7 Und sie führten das Füllen zu Jesu und legten ihre Kleider darauf, und er setzte sich darauf.

8 Viele aber breiteten ihre Kleider auf den Weg; etliche hieben Maien von den Bäumen und streuten sie auf den Weg.

9 Und die vorne vorgingen und die hernach folgten, schrieen und sprachen: Hosianna! Gelobt sei, der da kommt im Namen des HERRN!

10 Gelobt sei das Reich unsers Vaters David, das da kommt in dem Namen des HERRN! Hosianna in der Höhe!

11 Und der HERR ging ein zu Jerusalem und in den Tempel, und er besah alles; und am Abend ging er hinaus gen Bethanien mit den Zwölfen.

12 Und des anderen Tages, da sie von Bethanien gingen, hungerte ihn.

13 Und er sah einen Feigenbaum von ferne, der Blätter hatte; da trat er hinzu, ob er etwas darauf fände, und da er hinzukam, fand er nichts denn nur Blätter, denn es war noch nicht Zeit, daß Feigen sein sollten.

14 Und Jesus antwortete und sprach zu

ihm: Nun esse von dir niemand ewiglich! Und seine Jünger hörten das.

15 Und sie kamen gen Jerusalem. Und Jesus ging in den Tempel, fing an und trieb aus die Verkäufer und Käufer in dem Tempel; und die Tische der Wechsler und die Stühle der Taubenkrämer stieß er um,

16 und ließ nicht zu, das jemand etwas durch den Tempel trüge.

17 Und er lehrte und sprach zu ihnen: Steht nicht geschrieben: "Mein Haus soll heißen ein Bethaus allen Völkern"? Ihr aber habt eine Mördergrube daraus gemacht.

18 Und es kam vor die Schriftgelehrten und Hohenpriester; und sie trachteten, wie sie ihn umbrächten. Sie fürchteten sich aber vor ihm; denn alles Volk verwunderte sich über seine Lehre.

19 Und des Abends ging er hinaus vor die Stadt.

20 Und am Morgen gingen sie vorüber und sahen den Feigenbaum, daß er verdorrt war bis auf die Wurzel.

21 Und Petrus gedachte daran und sprach zu ihm: Rabbi, siehe, der

Feigenbaum, den du verflucht hast, ist verdorrt.

22 Jesus antwortete und sprach zu ihnen: Habt Glauben an Gott.

23 Wahrlich, ich sage euch: Wer zu diesem Berge spräche: Hebe dich und wirf dich ins Meer! und zweifelte nicht in seinem Herzen, sondern glaubte, daß es geschehen würde, was er sagt, so wird's ihm geschehen, was er sagt.

24 Darum sage ich euch: Alles, was ihr bittet in eurem Gebet, glaubet nur, daß ihr's empfangen werdet, so wird's euch werden.

25 Und wenn ihr stehet und betet, so vergebet, wo ihr etwas wider jemand habt, auf daß auch euer Vater im Himmel euch vergebe eure Fehler.

26 Wenn ihr aber nicht vergeben werdet, so wird euch euer Vater, der im Himmel ist, eure Fehler nicht vergeben.

27 Und sie kamen abermals gen Jerusalem. Und da er im Tempel wandelte, kamen zu ihm die Hohenpriester und Schriftgelehrten und die Ältesten

28 und sprachen zu ihm: Aus was für

Macht tust du das? und wer hat dir die Macht gegeben, daß du solches tust?

29 Jesus aber antwortete und sprach zu ihnen: Ich will euch auch ein Wort fragen; antwortet mir, so will ich euch sagen, aus was für Macht ich das tue.

30 Die Taufe des Johannes, war sie vom Himmel oder von den Menschen? Antwortet mir!

31 Und sie gedachten bei sich selbst und sprachen: Sagen wir sie war vom Himmel, so wird er sagen: Warum habt ihr denn ihm nicht geglaubt?

32 Sagen wir aber, sie war von Menschen, so fürchten wir uns vor dem Volk. Denn sie hielten alle, daß Johannes ein rechter Prophet wäre.

33 Und sie antworteten und sprachen zu Jesu: Wir wissen's nicht. Und Jesus antwortete und sprach zu ihnen: So sage ich euch auch nicht, aus was für Macht ich solches tue.

12. Kapitel

Gleichnis von den Weingärtnern. Zinsgroschen. Auferstehung der Toten und größtes Gebot. Davids Herr und Sohn. Scherflein der Witwe.

1 Und er fing an, zu ihnen durch Gleichnisse zu reden: Ein Mensch pflanzte einen Weinberg und führte einen Zaun darum und grub eine Kelter und baute einen Turm und tat ihn aus den Weingärtnern und zog über Land.

2 Und sandte einen Knecht, da die Zeit kam, zu den Weingärtnern, daß er von den Weingärtnern nähme von der Frucht des Weinbergs.

3 Sie nahmen ihn aber und stäupten ihn, und ließen ihn leer von sich.

4 Abermals sandte er ihnen einen anderen Knecht; dem zerwarfen sie den Kopf mit Steinen und ließen ihn geschmäht von sich.

5 Abermals sandte er einen andern: den töteten sie. Und viele andere, etliche stäupten sie, etliche töteten sie.

6 Da hatte er noch einen einzigen Sohn,

der war ihm lieb; den sandte er zum letzten auch zu ihnen und sprach: Sie werden sich vor meinem Sohn scheuen.

7 Aber die Weingärtner sprachen untereinander: Dies ist der Erbe; kommt, laßt uns ihn töten, so wird das Erbe unser sein!

8 Und sie nahmen ihn und töteten ihn und warfen ihn hinaus vor den Weinberg.

9 Was wird nun der Herr des Weinbergs tun? Er wird kommen und die Weingärtner umbringen und den Weinberg andern geben.

10 Habt ihr auch nicht gelesen diese Schrift: "Der Stein, den die Bauleute verworfen haben, der ist zum Eckstein geworden.

11 Von dem HERRN ist das geschehen, und es ist wunderbarlich vor unseren Augen"?

12 Und sie trachteten darnach, wie sie ihn griffen, und fürchteten sich doch vor dem Volk; denn sie verstanden, daß er auf sie dies Gleichnis geredet hatte. Und sie ließen ihn und gingen davon.

13 Und sie sandten zu ihm etliche von den Pharisäern und des Herodes

Dienern, daß sie ihn fingen in Worten.

14 Und sie kamen und sprachen zu ihm: Meister, wir wissen, daß du wahrhaftig bist und fragst nach niemand; denn du achtest nicht das Ansehen der Menschen, sondern du lehrst den Weg Gottes recht. Ist's recht, daß man dem Kaiser Zins gebe, oder nicht? Sollen wir ihn geben oder nicht geben?

15 Er aber merkte ihre Heuchelei und sprach zu ihnen: Was versucht ihr mich? Bringet mir einen Groschen, daß ich ihn sehe.

16 Und sie brachten ihm. Da sprach er: Wes ist das Bild und die Überschrift? Sie sprachen zu ihm: Des Kaisers!

17 Da antwortete Jesus und sprach zu ihnen: So gebet dem Kaiser, was des Kaisers ist, und Gott, was Gottes ist! Und sie verwunderten sich über ihn.

18 Da traten die Sadduzäer zu ihm, die da halten, es sei keine Auferstehung; die fragten ihn und sprachen:

19 Meister, Mose hat uns geschrieben: Wenn jemands Bruder stirbt und hinterläßt ein Weib, und hinterläßt keine Kinder, so soll sein Bruder sein Weib

nehmen und seinem Bruder Samen erwecken.

20 Nun sind sieben Brüder gewesen. Der erste nahm ein Weib; der starb und hinterließ keinen Samen.

21 Und der andere nahm sie und starb und hinterließ auch nicht Samen. Der Dritte desgleichen.

22 Und es nahmen sie alle sieben und hinterließen nicht Samen. Zuletzt nach allen starb das Weib auch.

23 Nun in der Auferstehung, wenn sie auferstehen, wes Weib wird sie sein unter ihnen? Denn sieben haben sie zum Weibe gehabt.

24 Da antwortete Jesus und sprach zu ihnen: Ist's nicht also? Ihr irrt darum, daß ihr nichts wisset von der Schrift noch von der Kraft Gottes.

25 Wenn sie von den Toten auferstehen werden, so werden sie nicht freien noch sich freien lassen, sondern sie sind wie die Engel im Himmel.

26 Aber von den Toten, daß sie auferstehen werden, habt ihr nicht gelesen im Buch Mose's bei dem Busch, wie Gott zu ihm sagte und sprach: "Ich

bin der Gott Abrahams und der Gott Isaaks und der Gott Jakobs"?

27 Gott aber ist nicht der Toten, sondern der Lebendigen Gott. Darum irrt ihr sehr.

28 Und es trat zu ihm der Schriftgelehrten einer, der ihnen zugehört hatte, wie sie sich miteinander befragten, und sah, daß er ihnen fein geantwortet hatte, und fragte ihn: Welches ist das vornehmste Gebot vor allen?

29 Jesus aber antwortete ihm: Das vornehmste Gebot vor allen Geboten ist das: "Höre Israel, der HERR, unser Gott, ist ein einiger Gott;

30 und du sollst Gott, deinen HERRN, lieben von ganzem Herzen, von ganzer Seele, von ganzem Gemüte und von allen deinen Kräften." Das ist das vornehmste Gebot.

31 Und das andere ist ihm gleich: "Du sollst deinen Nächsten lieben wie dich selbst." Es ist kein anderes Gebot größer denn diese.

32 Und der Schriftgelehrte sprach zu ihm: Meister, du hast wahrlich recht geredet; denn es ist ein Gott und ist kein anderer außer ihm.

33 Und ihn lieben von ganzem Herzen, von ganzem Gemüte, von ganzer Seele, und von allen Kräften, und lieben seinen Nächsten wie sich selbst, das ist mehr denn Brandopfer und alle Opfer.

34 Da Jesus aber sah, daß er vernünftig antwortete, sprach er zu ihm: "Du bist nicht ferne von dem Reich Gottes." Und es wagte ihn niemand weiter zu fragen.

35 Und Jesus antwortete und sprach, da er lehrte im Tempel: Wie sagen die Schriftgelehrten, Christus sei Davids Sohn?

36 Er aber, David, spricht durch den heiligen Geist: "Der HERR hat gesagt zu meinem Herrn: Setze dich zu meiner Rechten, bis daß ich lege deine Feinde zum Schemel deiner Füße."

37 Da heißt ihn ja David seinen Herrn; woher ist er denn sein Sohn? Und viel Volks hörte ihn gern.

38 Und er lehrte sie und sprach zu ihnen: Sehet euch vor vor den Schriftgelehrten, die in langen Kleidern gehen und lassen sich gern auf dem Markte grüßen

39 und sitzen gern obenan in den Schulen und über Tisch beim Gastmahl;

40 sie fressen der Witwen Häuser und wenden langes Gebet vor. Diese werden desto mehr Verdammnis empfangen.

41 Und Jesus setzte sich gegen den Gotteskasten und schaute, wie das Volk Geld einlegte in den Gotteskasten; und viele Reiche legten viel ein.

42 Und es kam eine arme Witwe und legte zwei Scherflein ein; die machen einen Heller.

43 Und er rief seine Jünger zu sich und sprach zu ihnen: Diese arme Witwe hat mehr in den Gotteskasten gelegt denn alle, die eingelegt haben.

44 Denn sie haben alle von ihrem Überfluß eingelegt; diese aber hat von ihrer Armut alles, was sie hatte, ihre ganze Nahrung, eingelegt.

13. Kapitel

Rede Jesu von der Zerstörung Jerusalems und von seiner herrlichen Zukunft. Warnungen und Ermahnungen, besonders zur Wachsamkeit.

1 Und da er aus dem Tempel ging, sprach zu ihm seiner Jünger einer: Meister, siehe, welche Steine und welch ein Bau ist das!

2 Und Jesus antwortete und sprach zu ihm: Siehst du wohl allen diesen großen Bau? Nicht ein Stein wird auf dem anderen bleiben, der nicht zerbrochen werde.

3 Und da er auf dem Ölberge saß gegenüber dem Tempel, fragten ihn Petrus, Jakobus und Johannes und Andreas besonders:

4 Sage uns, wann wird das alles geschehen? Und was wird das Zeichen sein, wann das alles soll vollendet werden?

5 Jesus antwortete ihnen und fing an, zu sagen: Sehet zu das euch nicht jemand verführe!

6 Denn es werden viele kommen unter meinem Namen und sagen: "Ich bin Christus!" und werden viele verführen.

7 Wenn ihr aber hören werdet von Kriegen und Kriegsgeschrei, so fürchtet euch nicht. Denn es muß also geschehen; aber das Ende ist noch nicht da.

8 Es wird sich ein Volk wider das andere empören und ein Königreich wider das andere, und werden Erdbeben geschehen hin und wieder, und wird teure Zeit und Schrecken sein. Das ist der Not Anfang.

9 Ihr aber, sehet euch vor! Denn sie werden euch überantworten vor die Rathäuser und Schulen; und ihr müßt gestäupt werden, und vor Fürsten und Könige geführt werden um meinetwillen, zu einem Zeugnis über sie.

10 Und das Evangelium muß zuvor verkündigt werden unter alle Völker.

11 Wenn sie euch nun führen und überantworten werden, so sorget nicht, was ihr reden sollt, und bedenket auch nicht zuvor; sondern was euch zu der Stunde gegeben wird, das redet. Denn ihr seids nicht, die da reden, sondern der

Heilige Geist.

12 Es wird aber überantworten ein Bruder den andern zum Tode und der Vater den Sohn, und die Kinder werden sich empören gegen die Eltern und werden sie helfen töten.

13 Und ihr werdet gehaßt sein von jedermann um meines Namens willen. Wer aber beharrt bis an das Ende, der wird selig.

14 Wenn ihr aber sehen werdet den Greuel der Verwüstung (von dem der Prophet Daniel gesagt hat), daß er steht, wo er nicht soll (wer es liest, der merke darauf!), alsdann, wer in Judäa ist, der fliehe auf die Berge;

15 und wer auf dem Dache ist, der steige nicht hernieder ins Haus und komme nicht hinein, etwas zu holen aus seinem Hause;

16 und wer auf dem Felde ist, der wende sich nicht um, seine Kleider zu holen.

17 Weh aber den Schwangeren und Säugerinnen zu der Zeit!

18 Bittet aber, daß eure Flucht nicht geschehe im Winter.

19 Denn in diesen Tagen werden solche

Trübsale sein, wie sie nie gewesen sind bisher, vom Anfang der Kreatur, die Gott geschaffen hat, und wie auch nicht werden wird.

20 Und so der HERR diese Tage nicht verkürzt hätte, würde kein Mensch selig: aber um der Auserwählten willen, die er auserwählt hat, hat er auch diese Tage verkürzt.

21 Wenn nun jemand zu der Zeit wird zu euch sagen: Siehe, hier ist Christus! siehe, da ist er! so glaubet nicht.

22 Denn es werden sich erheben falsche Christi und falsche Propheten, die Zeichen und Wunder tun, daß sie auch die Auserwählten verführen, so es möglich wäre.

23 Ihr aber sehet euch vor! Siehe, ich habe es euch alles zuvor gesagt.

24 Aber zu der Zeit, nach dieser Trübsal, werden Sonne und Mond ihren Schein verlieren,

25 und die Sterne werden vom Himmel fallen, und die Kräfte der Himmel werden sich bewegen.

26 Und dann werden sie sehen des Menschen Sohn kommen in den Wolken

mit großer Kraft und Herrlichkeit.

27 Und dann wird er seine Engel senden und wird versammeln seine Auserwählten von den vier Winden, von dem Ende der Erde bis zum Ende des Himmels.

28 An dem Feigenbaum lernet ein Gleichnis: wenn jetzt seine Zweige saftig werden und Blätter gewinnen, so wißt ihr, daß der Sommer nahe ist.

29 Also auch, wenn ihr sehet, daß solches geschieht, so wisset, daß es nahe vor der Tür ist.

30 Wahrlich, ich sage euch: Dies Geschlecht wird nicht vergehen, bis daß dies alles geschehe.

31 Himmel und Erde werden vergehen; meine Worte aber werden nicht vergehen.

32 Von dem Tage aber und der Stunde weiß niemand, auch die Engel im Himmel nicht, auch der Sohn nicht, sondern allein der Vater.

33 Sehet zu, wachet und betet; denn ihr wisset nicht, wann es Zeit ist.

34 Gleich als ein Mensch, der über Land zog und verließ sein Haus und gab

seinem Knecht Macht, einem jeglichen sein Werk, und gebot dem Türhüter, er sollte wachen.

35 So wachet nun (denn ihr wißt nicht, wann der Herr des Hauses kommt, ob er kommt am Abend oder zu Mitternacht oder um den Hahnenschrei oder des Morgens),

36 auf daß er nicht schnell komme und finde euch schlafend.

37 Was ich aber euch sage, das sage ich allen: Wachet!

14. Kapitel

Christi Salbung in Bethanien, Osterlamm und Einsetzung des heiligen Abendmahls. Kampf in Gethsemane. Gefangennehmung, Verhör, Bekenntnis und Leiden vor Kaiphas. Des Petrus Verleugnung und Reue.

1 Und nach zwei Tagen war Ostern und die Tage der süßen Brote. Und die Hohenpriester und Schriftgelehrten suchten, wie sie ihn mit List griffen und töteten.

2 Sie sprachen aber: Ja nicht auf das Fest, daß nicht ein Aufruhr im Volk werde!

3 Und da er zu Bethanien war in Simons, des Aussätzigen, Hause und saß zu Tische, da kam ein Weib, die hatte ein Glas mit ungefälschtem und köstlichem Nardenwasser, und sie zerbrach das Glas und goß es auf sein Haupt.

4 Da waren etliche, die wurden unwillig und sprachen: Was soll doch diese Vergeudung?

5 Man könnte das Wasser um mehr denn dreihundert Groschen verkauft haben und es den Armen geben. Und murrten über sie.

6 Jesus aber sprach: Laßt sie mit Frieden! Was bekümmert ihr sie? Sie hat ein gutes Werk an mir getan.

7 Ihr habt allezeit Arme bei euch, und wenn ihr wollt, könnt ihr ihnen Gutes tun; mich aber habt ihr nicht allezeit.

8 Sie hat getan, was sie konnte; sie ist zuvorgekommen, meinen Leib zu salben zu meinem Begräbnis.

9 Wahrlich, ich sage euch: Wo dies Evangelium gepredigt wird in aller Welt,

da wird man auch das sagen zu ihrem Gedächtnis, was sie jetzt getan hat.

10 Und Judas Ischariot, einer von den Zwölfen, ging hin zu den Hohenpriestern, daß er ihn verriete.

11 Da sie das hörten, wurden sie froh und verhießen, ihm Geld zu geben. Und er suchte, wie er ihn füglich verriete.

12 Und am ersten Tage der süßen Brote, da man das Osterlamm opferte, sprachen seine Jünger zu ihm: Wo willst du, daß wir hingehen und bereiten, daß du das Osterlamm essest?

13 Und er sandte seiner Jünger zwei und sprach zu ihnen: Gehet hin in die Stadt, und es wird euch ein Mensch begegnen, der trägt einen Krug mit Wasser; folget ihm nach,

14 und wo er eingeht, da sprechet zu dem Hauswirt: Der Meister läßt dir sagen: Wo ist das Gasthaus, darin ich das Osterlamm esse mit meinen Jüngern?

15 Und er wird euch einen großen Saal zeigen, der mit Polstern versehen und bereit ist; daselbst richtet für uns zu.

16 Und die Jünger gingen aus und kamen in die Stadt und fanden's, wie er

ihnen gesagt hatte, und bereiteten das Osterlamm.

17 Am Abend aber kam er mit den Zwölfen.

18 Und als sie zu Tische saßen und aßen, sprach Jesus: Wahrlich, ich sage euch: Einer unter euch, der mit mir isset, wird mich verraten.

19 Und sie wurden traurig und sagten zu ihm, einer nach dem anderen: Bin ich's? und der andere: Bin ich's?

20 Er antwortete und sprach zu ihnen: Einer aus den Zwölfen, der mit mir in die Schüssel taucht.

21 Zwar des Menschen Sohn geht hin, wie von ihm geschrieben steht; weh aber dem Menschen, durch welchen des Menschen Sohn verraten wird. Es wäre demselben Menschen besser, daß er nie geboren wäre.

22 Und indem sie aßen, nahm Jesus das Brot, dankte und brach's und gab's ihnen und sprach: Nehmet, esset; das ist mein Leib.

23 Und nahm den Kelch, dankte und gab ihnen den; und sie tranken alle daraus.

24 Und er sprach zu ihnen: Das ist mein

Blut des neuen Testamentes, das für viele vergossen wird.

25 Wahrlich, ich sage euch, daß ich hinfort nicht trinken werde vom Gewächs des Weinstocks bis auf den Tag, da ich's neu trinke in dem Reich Gottes.

26 Und da sie den Lobgesang gesprochen hatten, gingen sie hinaus an den Ölberg.

27 Und Jesus sprach zu ihnen: Ihr werdet euch in dieser Nacht alle an mir ärgern; denn es steht geschrieben: "Ich werde den Hirten schlagen, und die Schafe werden sich zerstreuen."

28 Wenn ich aber auferstehe, will ich vor euch hingehen nach Galiläa.

29 Petrus aber sagte zu ihm: Und wenn sie sich alle ärgerten, so wollte doch ich mich nicht ärgern.

30 Und Jesus sprach zu ihm: Wahrlich, ich sage dir: Heute, in dieser Nacht, ehe denn der Hahn zweimal kräht, wirst du mich dreimal verleugnen.

31 Er aber redete noch weiter: Ja, wenn ich mit dir auch sterben müßte, wollte ich dich doch nicht verleugnen. Desgleichen sagten sie alle.

32 Und sie kamen zu einem Hofe mit Namen Gethsemane. Und er sprach zu seinen Jüngern: Setzet euch hier, bis ich hingehe und bete.

33 Und nahm Petrus und Jakobus und Johannes und fing an, zu zittern und zu zagen.

34 Und sprach zu ihnen: Meine Seele ist betrübt bis an den Tod; bleibet hier und wachet!

35 Und ging ein wenig weiter, fiel auf die Erde und betete, daß, wenn es möglich wäre, die Stunde vorüberginge,

36 und sprach: Abba, mein Vater, es ist dir alles möglich; überhebe mich dieses Kelchs; doch nicht, was ich will, sondern was du willst!

37 Und kam und fand sie schlafend und sprach zu Petrus: Simon, schläfst du? Vermochtest du nicht eine Stunde zu wachen?

38 Wachet und betet, daß ihr nicht in Versuchung fallet! Der Geist ist willig; aber das Fleisch ist schwach.

39 Und ging wieder hin und betete und sprach dieselben Worte.

40 Und kam wieder und fand sie

abermals schlafend; denn ihre Augen waren voll Schlafs, und sie wußten nicht, was sie ihm antworteten.

41 Und er kam zum drittenmal und sprach zu ihnen: Ach, wollt ihr nun schlafen und ruhen? Es ist genug; die Stunde ist gekommen. Siehe, des Menschen Sohn wird überantwortet in der Sünder Hände.

42 Stehet auf, laßt uns gehen. Siehe, der mich verrät, ist nahe!

43 Und alsbald, da er noch redete, kam herzu Judas, der Zwölf einer, und eine große Schar mit ihm, mit Schwertern und mit Stangen von den Hohenpriestern und Schriftgelehrten und Ältesten.

44 Und der Verräter hatte ihnen ein Zeichen gegeben und gesagt: Welchen ich küssen werde, der ist's; den greifet und führet ihn sicher.

45 Und da er kam, trat er alsbald zu ihm und sprach zu ihm: Rabbi, Rabbi! und küßte ihn.

46 Die aber legten ihre Hände an ihn und griffen ihn.

47 Einer aber von denen, die dabeistanden, zog sein Schwert aus und

schlug des Hohenpriesters Knecht und hieb ihm ein Ohr ab.

48 Und Jesus antwortete und sprach zu ihnen: Ihr seid ausgegangen wie zu einem Mörder mit Schwertern und Stangen, mich zu fangen.

49 Ich bin täglich bei euch im Tempel gewesen und habe gelehrt, und ihr habt mich nicht gegriffen, aber auf daß die Schrift erfüllt werde.

50 Und die Jünger verließen ihn alle und flohen.

51 Und es war ein Jüngling, der folgte ihm nach, der war mit Leinwand bekleidet auf der bloßen Haut; und die Jünglinge griffen ihn.

52 Er aber ließ die Leinwand fahren und floh bloß von ihnen.

53 Und sie führten Jesus zu dem Hohenpriester, dahin zusammengekommen waren alle Hohenpriester und Ältesten und Schriftgelehrten.

54 Petrus aber folgte ihm nach von ferne bis hinein in des Hohenpriesters Palast; und er war da und saß bei den Knechten und wärmte sich bei dem Licht.

55 Aber die Hohenpriester und der

ganze Rat suchten Zeugnis wider Jesum, auf daß sie ihn zum Tode brächten, und fanden nichts.

56 Viele gaben falsch Zeugnis wider ihn; aber ihr Zeugnis stimmte nicht überein.

57 Und etliche standen auf und gaben falsch Zeugnis wider ihn und sprachen:

58 Wir haben gehört, daß er sagte: Ich will den Tempel, der mit Händen gemacht ist, abbrechen und in drei Tagen einen anderen bauen, der nicht mit Händen gemacht sei.

59 Aber ihr Zeugnis stimmte noch nicht überein.

60 Und der Hohepriester stand auf, trat mitten unter sie und fragte Jesum und sprach: Antwortest du nichts zu dem, was diese wider dich zeugen?

61 Er aber schwieg still und antwortete nichts. Da fragte ihn der Hohepriester abermals und sprach zu ihm: Bist du Christus, der Sohn des Hochgelobten?

62 Jesus aber sprach: Ich bin's; und ihr werdet sehen des Menschen Sohn sitzen zur rechten Hand der Kraft und kommen mit des Himmels Wolken.

63 Da zerriß der Hohepriester seinen

Rock und sprach: Was bedürfen wir weiter Zeugen?

64 Ihr habt gehört die Gotteslästerung. Was dünkt euch? Sie aber verdammten ihn alle, daß er des Todes schuldig wäre.

65 Da fingen an etliche, ihn zu verspeien und zu verdecken sein Angesicht und ihn mit Fäusten zu schlagen und zu ihm zu sagen: Weissage uns! Und die Knechte schlugen ihn ins Angesicht.

66 Und Petrus war unten im Hof. Da kam eine von des Hohenpriesters Mägden;

67 und da sie sah Petrus sich wärmen, schaute sie ihn an und sprach: Und du warst auch mit Jesus von Nazareth.

68 Er leugnete aber und sprach: Ich kenne ihn nicht, weiß auch nicht, was du sagst. Und er ging hinaus in den Vorhof; und der Hahn krähte.

69 Und die Magd sah ihn und hob abermals an, zu sagen denen, die dabeistanden: Dieser ist deren einer.

70 Und er leugnete abermals. Und nach einer kleinen Weile sprachen abermals zu Petrus, die dabeistanden: Wahrlich, du bist deren einer; denn du bist ein Galiläer, und deine Sprache lautet gleich

also.

71 Er aber fing an, sich zu verfluchen und zu schwören: Ich kenne den Menschen nicht, von dem ihr sagt.

72 Und der Hahn krähte zum andernmal. Da gedachte Petrus an das Wort, das Jesus zu ihm sagte: Ehe der Hahn zweimal kräht, wirst du mich dreimal verleugnen. Und er hob an, zu weinen.

15. Kapitel

Jesus vor Pilatus. Seine Verurteilung, Dornenkrone, Kreuzestod, Begräbnis.

1 Und bald am Morgen hielten die Hohenpriester einen Rat mit den Ältesten und Schriftgelehrten, dazu der ganze Rat, und banden Jesum und führten ihn hin und überantworteten ihn dem Pilatus.

2 Und Pilatus fragte ihn: Bist du der König der Juden? Er antwortete aber und sprach zu ihm: Du sagst es.

3 Und die Hohenpriester beschuldigten ihn hart.

4 Pilatus aber fragte ihn abermals und

sprach: Antwortest du nichts? Siehe, wie hart sie dich verklagen!

5 Jesus aber antwortete nichts mehr, also daß sich auch Pilatus verwunderte.

6 Er pflegte aber ihnen auf das Osterfest einen Gefangenen loszugeben, welchen sie begehrten.

7 Es war aber einer, genannt Barabbas, gefangen mit den Aufrührern, die im Aufruhr einen Mord begangen hatten.

8 Und das Volk ging hinauf und bat, daß er täte, wie er pflegte.

9 Pilatus aber antwortete ihnen: Wollt ihr, daß ich euch den König der Juden losgebe?

10 Denn er wußte, daß ihn die Hohenpriester aus Neid überantwortet hatten.

11 Aber die Hohenpriester reizten das Volk, das er ihnen viel lieber den Barabbas losgäbe.

12 Pilatus aber antwortete wiederum und sprach zu ihnen: Was wollt ihr denn, daß ich tue dem, den ihr beschuldigt, er sei der König der Juden?

13 Sie schrieen abermals: Kreuzige ihn!

14 Pilatus aber sprach zu ihnen: Was hat er Übles getan? Aber sie schrieen noch viel mehr: Kreuzige ihn!

15 Pilatus aber gedachte, dem Volk genugzutun, und gab ihnen Barabbas los, und geißelte Jesum und überantwortete ihn, daß er gekreuzigt würde.

16 Die Kriegsknechte aber führten ihn hinein in das Richthaus und riefen zusammen die ganze Schar

17 und zogen ihm einen Purpur an und flochten eine dornene Krone und setzten sie ihm auf,

18 und fingen an, ihn zu grüßen: Gegrüßet seist du, der Juden König!

19 Und schlugen ihm das Haupt mit dem Rohr und verspeiten ihn und fielen auf die Kniee und beteten ihn an.

20 Und da sie ihn verspottet hatten, zogen sie ihm den Purpur aus und zogen seine eigenen Kleider an und führten ihn aus, daß sie ihn kreuzigten.

21 Und zwangen einen, mit Namen Simon von Kyrene, der vom Felde kam (der ein Vater war des Alexander und Rufus), daß er sein Kreuz trüge.

22 Und sie brachten ihn an die Stätte

Golgatha, das ist verdolmetscht: Schädelstätte.

23 Und sie gaben ihm Myrrhe im Wein zu trinken; und er nahm's nicht zu sich.

24 Und da sie ihn gekreuzigt hatten, teilten sie seine Kleider und warfen das Los darum, wer etwas bekäme.

25 Und es war um die dritte Stunde, da sie ihn kreuzigten.

26 Und es war oben über ihm geschrieben was man ihm schuld gab, nämlich: Der König der Juden.

27 Und sie kreuzigten mit ihm zwei Mörder, einen zu seiner Rechten und einen zur Linken.

28 Da ward die Schrift erfüllet, die da sagt: "Er ist unter die Übeltäter gerechnet."

29 Und die vorübergingen, lästerten ihn und schüttelten ihre Häupter und sprachen: Pfui dich, wie fein zerbrichst du den Tempel und baust ihn in drei Tagen!

30 Hilf dir nun selber und steig herab vom Kreuz!

31 Desgleichen die Hohenpriester verspotteten ihn untereinander samt den Schriftgelehrten und sprachen: Er hat

anderen geholfen, und kann sich selber nicht helfen.

32 Ist er Christus und König in Israel, so steige er nun vom Kreuz, daß wir sehen und glauben. Und die mit ihm gekreuzigt waren, schmähten ihn auch.

33 Und nach der sechsten Stunde ward eine Finsternis über das ganze Land bis um die neunte Stunde.

34 Und um die neunte Stunde rief Jesus laut und sprach: "Eli, Eli lama asabthani? das ist verdolmetscht: Mein Gott, mein Gott, warum hast du mich verlassen?

35 Und etliche, die dabeistanden, da sie es hörten, sprachen sie: Siehe er ruft den Elia.

36 Da lief einer und füllte einen Schwamm mit Essig und steckte ihn auf ein Rohr und tränkte ihn und sprach: Halt, laßt sehen, ob Elia komme und ihn herabnehme.

37 Aber Jesus schrie laut und verschied.

38 Und der Vorhang im Tempel zerriß in zwei Stücke von obenan bis untenaus.

39 Der Hauptmann aber, der dabeistand ihm gegenüber und sah, daß er mit solchem Geschrei verschied, sprach:

Wahrlich, dieser Mensch ist Gottes Sohn gewesen!

40 Und es waren auch Weiber da, die von ferne solches sahen; unter welchen war Maria Magdalena und Maria, Jakobus des Kleinen und des Joses Mutter, und Salome,

41 die ihm auch nachgefolgt waren, da er in Galiläa war, und gedient hatten, und viele andere, die mit ihm hinauf gen Jerusalem gegangen waren.

42 Und am Abend, dieweil es der Rüsttag war, welcher ist der Vorsabbat,

43 kam Joseph von Arimathia, ein ehrbarer Ratsherr, welcher auch auf das Reich Gottes wartete. Der wagte es und ging hinein zu Pilatus und bat um den Leichnam Jesu.

44 Pilatus aber verwunderte sich, daß er schon tot war, und rief den Hauptmann und fragte ihn, ob er schon lange gestorben wäre.

45 Und als er's erkundet von dem Hauptmann, gab er Joseph den Leichnam.

46 Und er kaufte eine Leinwand und nahm ihn ab und wickelte ihn in die Leinwand und legte ihn in ein Grab, das

war in einen Felsen gehauen, und wälzte einen Stein vor des Grabes Tür.

47 Aber Maria Magdalena und Maria, des Joses Mutter, schauten zu, wo er hingelegt ward.

16. Kapitel

Christi Auferstehung. Drei Erscheinungen. Missionsbefehl, Himmelfahrt.

1 Und da der Sabbat vergangen war, kauften Maria Magdalena und Maria, des Jakobus Mutter, und Salome Spezerei, auf daß sie kämen und salbten ihn.

2 Und sie kamen zum Grabe am ersten Tag der Woche sehr früh, da die Sonne aufging.

3 Und sie sprachen untereinander: Wer wälzt uns den Stein von des Grabes Tür?

4 Und sie sahen dahin und wurden gewahr, daß der Stein abgewälzt war; denn er war sehr groß.

5 Und sie gingen hinein in das Grab und sahen einen Jüngling zur rechten Hand sitzen, der hatte ein langes weißes Kleid an; und sie entsetzten sich.

6 Er aber sprach zu ihnen: Entsetzt euch nicht! Ihr sucht Jesus von Nazareth, den Gekreuzigten; er ist nicht hier. Siehe da die Stätte, da sie ihn hinlegten!

7 Gehet aber hin und sagt's seinen Jüngern und Petrus, daß er vor euch hingehen wird nach Galiläa, da werdet ihr ihn sehen, wie er gesagt hat.

8 Und sie gingen schnell heraus und flohen von dem Grabe; denn es war sie Zittern und Entsetzen angekommen. Und sie sagten niemand etwas, denn sie fürchteten sich.

9 Jesus aber, da er auferstanden war früh am ersten Tag der Woche, erschien er am ersten der Maria Magdalena, von welcher er sieben Teufel ausgetrieben hatte.

10 Und sie ging hin und verkündigte es denen, die mit ihm gewesen waren, die da Leid trugen und weinten.

11 Und diese, da sie es hörten, daß er lebte und wäre ihr erschienen, glaubten sie nicht.

12 Darnach, da zwei aus ihnen wandelten, offenbarte er sich unter einer anderen Gestalt, da sie aufs Feld gingen.

13 Und die gingen auch hin und verkündigten das den anderen; denen glaubten sie auch nicht.

14 Zuletzt, da die Elf zu Tische saßen, offenbarte er sich und schalt ihren Unglauben und ihres Herzens Härtigkeit, daß sie nicht geglaubt hatten denen, die ihn gesehen hatten auferstanden.

15 Und er sprach zu ihnen: Gehet hin in alle Welt und prediget das Evangelium aller Kreatur.

16 Wer da glaubet und getauft wird, der wird selig werden; wer aber nicht glaubt, der wird verdammt werden.

17 Die Zeichen aber, die da folgen werden denen, die da glauben, sind die: in meinem Namen werden sie Teufel austreiben, mit neuen Zungen reden.

18 Schlangen vertreiben; und so sie etwas Tödliches trinken, wird's ihnen nicht schaden; auf die Kranken werden sie die Hände legen, so wird es besser mit ihnen werden.

19 Und der HERR, nachdem er mit ihnen geredet hatte, ward er aufgehoben gen Himmel und sitzt zur rechten Hand Gottes.

20 Sie aber gingen aus und predigten an allen Orten; und der HERR wirkte mit ihnen und bekräftigte das Wort durch mitfolgende Zeichen.

Anhang und Register

A)

"Bei der Verteidigung der Lehre der ewigen Verdammnis wird gerne darauf hingewiesen, dass in der Bibel aber doch von ewigen Strafen die Rede sei. Auch wenn es in der vielstimmigen Bibel Stellen geben mag, in denen wirklich von einer unendlichen Höllenstrafe die Rede sein sollte, wurde doch noch immer zu wenig bedacht, dass das hebräische Wort *olam* im Alten Testament und das entsprechende griechische Wort *aion, aionios* im Neuen Testament, das wir in der Nachfolge Luthers im Deutschen gewöhnlich mit *Ewigkeit, ewig* im Sinne einer abstrakten, unbegrenzten Zeitdauer übersetzen, in den Ursprachen der Bibel eine durchaus andere, differenziertere, vielfältige, geschichtlich gefülltere Bedeutung hat. *Olam* hat die Grundbedeutung von *fernste Zeit* im Blick auf die Vergangenheit oder Zukunft, bzw. auf beide. Die Bedeutung *ewig* wohnt dem Wort *olam* nicht als solchem inne, sie ergibt sich erst aus der Beziehung, in die sein eigentlicher Sinn durch das bestimmende

Hauptwort oder ein Verhältniswort (Präposition) gebracht wird. Der Begriff kann u.a. auch eine längere, begrenzte Zeit bedeuten, die verschieden lang sein kann, je nachdem ob es sich um geschichtliche Vorgänge oder Einrichtungen, um einzelne Menschen (z.B. 2. Mose 21, 6 oder 1. Samuel 1, 22), Völker oder die ganze Menschheit oder auch um Gott handelt.

Besonders der Begriff *aion* im Neuen Testament bedeutet neben Ewigkeit vor allem auch Zeit, Zeitraum, Lebenszeit, die graue Vorzeit, Vergangenheit, Gegenwart, Generation, Zeitalter, Weltalter, Epoche oder - wie unser entlehntes Wort - *Äon*, ja sogar Welt oder eine geistige Weltmacht. Diesen wichtigen Bedeutungsunterschied vor allem zwischen abstrakter Ewigkeit und geschichtlich gefüllter Zeit erkennt man sogar noch in der deutschen Übersetzung von Stellen, wo es heißt *'von Ewigkeit zu Ewigkeit'*, oder *'in alle Ewigkeit'*, was ja an sich keinen Sinn hat, wenn das Wort, das wir mit Ewigkeit wiedergeben, sowieso schon eine unbegrenzte Zeit bezeichnen würde.

Wenn im Blick auf Gott oder Christus wirklich die unbegrenzte Ewigkeit gemeint ist, dann begegnet gerade im Griechischen gerne die Mehrzahl von *aion*, etwa in der Fomulierung *'bis zu den Äonen der Äonen'*. Epheser 2, 7 bezeugt, dass Gott *in den kommenden Zeiten* (griechisch *en tois aiosin tois eperchomenois*) den überfließenden Reichtum seiner Gnade erweisen wolle. Auch hier wäre eine Übersetzung mit *in den kommenden Ewigkeiten* unsachgemäß. In Hebräer 9, 26 ist im Blick auf die eschatologisch verstandene Gegenwart vom *Ende der Zeiten (synteleia ton aionon)* die Rede, worin der geschichtlich gefüllte und zeitlich begrenzte Aspekt des Begriffes *aion* deutlich zum Ausdruck kommt, denn ein *Ende der Ewigkeit* wäre ja ein Widerspruch in sich.

Darum ist es kein Argument für die Ewigkeit der Höllenstrafen, wenn man mit Matthäus 25, 46 darauf hinweist, dass *ewig (aionios)* dort, wenn es auf das ewige Leben bezogen ewig bedeutet, auch *ewig* bedeuten <u>muss</u>, wenn es in demselben Satz auf die Strafe bezogen wird. Man übersieht dabei, dass sich *aionios* zum einen

- auf das *unendliche Leben im Reiche Gottes* bezieht, das eben mit Gott in Christus wirklich ewig ist;

- und zum anderen auf die Strafe bzw. jenes Feuer, das wohl für uns Menschen auf unabsehbare Zeiten hinaus und insofern *aion* bestehen wird, das aber mit der Hölle und dem Tod verschwinden wird.

Strafe und Feuer sind in der Zeit entstanden und ihr Ende und ihre Vernichtung sind angekündigt (1. Korinther 15, 26) und werden kommen, nachdem der Tod - nämlich die uns von Gott trennende Sünde - durch Christi Erlösungswerk grundsätzlich bereits in einem Sieg aufgegangen ist (1. Korinther 15, 54). Die Bedeutung von *aionios* hängt also von dem Gegenstand ab, auf den es sich bezieht."

(Professors für Theologie, Till Arend Mohr, aus dem Buch *Kehret zurück ihr Menschenkinder* unter dem Kapitel *Das universale Heil als Ziel des göttlichen Heilsplans*)

Anhang und Register

***

B) Der katholische Geistliche Johannes Greber schreibt dazu:

"Man beruft sich auf die Bibel, um den Beweis für die Ewigkeit der Höllenstrafen zu erbringen. Man klammert sich an das Wort *ewig*, das in den Übersetzungen des Neues Testaments in Verbindung mit den jenseitigen Strafen gebraucht wird. Aber wie lautet das Wort, das mit *ewig* übersetzt wurde, im griechischen Urtext? Denn nicht auf die Übersetzung kommt es an, sondern auf den Sinn des Wortes, das im Urtext steht. Hier findet sich das Wort *Aeon*. Damit wird ein großer Zeitraum bezeichnet. Im griechischen bedeutet das Wort *Aeon* nicht *Ewigkeit* oder bezeichnet den Begriff des *Ewigen*. Es hat nur die Bedeutung eines Zeitraumes von bestimmter Dauer. Das Altertum, das Mittelalter, die Neuzeit ist ein *Aeon*. Nach Anschauung der Römer war ein *Aeon* ein Zeitraum von 100 Jahren.

Ein *Aeon* ist also eine Zeitdauer, deren Grenzen mal näher zusammen - mal weiter auseinanderliegen. Sogar ein Menschenalter wird manchmal mit dem Wort *Aeon* wiedergegeben. Aber niemals kann damit eine nie endende Zeitperiode ausgedrückt werden. Daher kann das Wort *Aeon* niemals mit *Ewigkeit* oder *ewig* übersetzt werden, sondern man muß dafür die Bezeichnung *Zeit* und *zeitlich* gebrauchen.

Anmerkung: Dort, wo von Strafe die Rede ist, haben die Übersetzer *immer* das Wort *ewig* gebraucht. Daran merkt man deutlich, daß die Übersetzungen unter dem Einfluß christlicher Religionen stehen, die eine ewige Höllenstrafe lehren."

(Aus: Der Verkehr mit der Geisterwelt Gottes, seine Gesetze und sein Zweck)

***

Diese Anmerkungen erheben keinen Anspruch auf die alleinige Wahrheit, sondern sollen vor allem zum eigenen und weiteren Bibelstudium anregen. Zu diesem Thema gibt es unterschiedliche Auffassungen.

***

Anhang und Register

Angemerkt sei an dieser Stelle, dass sich die kirchliche Lehrtradition mit der Verurteilung der Lehre von der Apokatastasis panton (Wiederherstellung aller Dinge, dem universalen Heil) auf der Synode von Konstantinopel 553 unter Justinian und mit der Ablehnung durch die reformatorische Augsburger Konfession von 1530 (Art. XVII) für den doppelten Ausgang der Weltgeschichte mit der Errettung der kleinen Schar Gläubiger und der ewigen Verdammnis der großen Mehrheit der Ungläubigen und Teufel *entschieden hat,* auch wenn dies so im Urtext der Bibel nicht steht. Insbesondere die Lehre vom universalen Heil als letztem Ziel des göttlichen Heilsplanes wurde damit schlicht verworfen.

Till Arend Mohr, Kehret zurück ihr Menschenkinder!

Anhang und Register

Register:

(1) Übersetzungsalternative nach Urtext, vergl. Bibelübersetzungen: Menge, aber auch Elberfelder, Neue Züricher Bibel u.a..

(2) Übersetzungsalternative nach Urtext, vergl. Bibelübersetzungen: Menge, aber auch Elberfelder, Neue Züricher Bibel u.a.

(3) Übersetzungsalternative nach Urtext, vergl. Bibelübersetzungen: Menge, aber auch Elberfelder, Neue Züricher Bibel u.a.

Siehe zu dieser Passage auch Jesaja 66, 24

»Sie werden dann auch (aus der Stadt) hinausgehen und sich die Leichname der Menschen ansehen, die von mir abgefallen sind; denn ihr Wurm wird nicht sterben und ihr Feuer nicht erlöschen, und sie werden ein Abscheu sein für alles Fleisch.«

(4) Übersetzungsalternative nach Urtext, vergl. Bibelübersetzungen: Menge, aber auch Elberfelder, Neue Züricher Bibel u.a.

Siehe zu dieser Passage auch Matthäus 5, 13

Ihr seid das Salz der Erde! Wenn aber das Salz fade geworden ist, womit soll es wieder gesalzen werden? Es taugt zu nichts mehr, als aus dem Hause geworfen und von den Leuten zertreten zu werden

sowie Lukas 14, 34

Das Salz ist also etwas Gutes; wenn aber einmal auch das Salz fade geworden ist, womit soll man es wieder zu Salz machen?

Anhang und Register

Anhang und Register